LA LINGUISTIQUE

JACKIE SCHÖN

LES ESSENTIELS MILAN

Sommaire

Les mots suivis d'un astérisque (*) sont expliqués dans le glossaire.

UNE SCIENCE TRÈS HUMAINE

"*Je parle, tu parles, nous parlons...*" Quelle banalité !
Et pourtant, quelle énigme, quelle merveilleuse énigme !
La survie des sociétés humaines ne repose-t-elle pas sur les échanges dont les paroles constituent un exemple des plus représentatifs ?
Or, pour aussi évident que paraisse le fait de parler, de parler une langue parmi d'autres langues, de parler une même langue entre les membres d'une communauté, d'émettre des sons et d'en saisir un sens...
Voilà que la seule mention de telles "évidences" soulève des questions si fondamentales que les laisser dans le flou nous interdit la moindre avancée dans la connaissance en la matière.
Il nous appartient donc d'éclaircir certaines de ces notions de base qui permettront à chacun de se familiariser avec une discipline en plein bouillonnement et, éventuellement, de mener plus avant la réflexion selon ses propres curiosités.
Pour un maximum de cohérence dans la démarche et de clarté dans l'exposition, nous avons privilégié l'optique fonctionnaliste – qui considère la langue comme outil de communication.

Nota bene : Les ouvrages *Éléments de linguistique générale*, d'André Martinet, et *Cours de linguistique générale*, de Ferdinand de Saussure, seront abrégés respectivement en ELG et CLG.

Qu'est-ce que la linguistique ?

Définir la linguistique comme « science du langage » se révèle insuffisant pour éclairer les différents domaines d'activité du spécialiste. Cette définition demande à être précisée. Procédons par élimination.

Les objectifs

Sans norme, il ne peut y avoir de langue possible, mais la linguistique n'est pas pour autant une discipline normative (*voir* pp. 36-37). Tout jugement de valeur étant incompatible avec une démarche scientifique, déclarer, par exemple, que telle langue est « plus belle » que telle autre n'engage que la subjectivité de celui qui l'énonce. Si chacun a bien droit à ses goûts – en grande partie conditionnés par les habitudes articulatoires et auditives de sa langue première –, il n'est aucun critère objectif pour un classement quelconque de cet ordre entre les langues du monde. « *Telle ou telle langue me plaît, paraît harmonieuse à mes oreilles* » seraient les seules formulations défendables d'un point de vue linguistique.

Dans notre univers de la communication, admettons que soient langages tous les systèmes* de signes, depuis les codes sociaux ou biologiques jusqu'aux productions artistiques en passant par les rites symboliques ou les comportements animaux... Il revient à la sémiologie – en tant que science générale des signes – de les traiter. Le champ de recherche du linguiste se limite au langage humain dont les langues naturelles sont les manifestations universelles.

La discipline impose-t-elle de maîtriser plusieurs langues ? Différencions tout de suite la capacité à parler couramment une ou des langues et certaine connaissance passive qu'on en peut avoir. Connaître le système*

Spécificité du langage humain

Le linguiste est justifié d'exclure de son étude les différents codes de communication parce que l'ensemble des langues humaines présente des caractéristiques absentes de tous les autres codes (*voir* pp. 6-7).

vocalique du russe, les particularités phonologiques* de l'arabe, les grandes lignes de la structure* syntaxique du turc ou du basque, n'implique nullement de savoir parler ces idiomes et encore, un tel savoir est susceptible de degrés très divers. Que dire des spécialistes des langues anciennes, des langues dites « mortes » ? Au nom de quels principes leur refusera-t-on le statut de linguistes dès lors qu'ils abordent leur matière avec les mêmes objectifs et méthodes que ceux qui travaillent sur des langues vivantes ?

Des goûts et des couleurs...

« Les [...] sensations de contentement ou de contrariété ne reposent pas tant sur la constitution des choses extérieures [...] que sur la capacité propre à chaque homme. »

Kant, *Observations sur le sentiment du beau et du sublime*, 1764.

À l'opposé, la linguistique générale dont il est question ici n'a pas vocation à traiter d'une seule langue en particulier, elle ne vise pas à rendre compte des étapes successives de ses transformations, essentiellement phonétiques, à travers le temps.

Les différentes parties de la linguistique

Quelle que soit la langue étudiée, son analyse s'effectuera en passant par les mêmes paliers qui, allant des éléments les plus tangibles aux plus abstraits, sont :

– les éléments phoniques du langage, répartis en deux ordres différents de réalités : celui de la phonétique, notée [ ] (*voir* pp. 22-23), et celui de la phonologie, notée / / (*voir* pp. 26-27) ;

– les éléments qui signifient (*voir* pp. 38-39) ;

– la syntaxe, qui étudie la combinaison des éléments précédents ;

– la sémantique, dévolue à l'étude des processus de signification (*voir* pp. 38-39).

Ces niveaux ne se confondent pas avec les diverses branches de spécialités qui, lors de l'étude des langues, peuvent se greffer sur des aspects particuliers comme, par exemple, la lexicologie (*voir* pp. 38-39) ou, à l'articulation de la langue et du discours, l'énonciation (*voir* pp. 42-43) ou la pragmatique (*voir* pp. 48-49).

La linguistique générale a pour but d'appréhender le phénomène langage en lui-même et pour lui-même. Elle s'attache à décrire le fonctionnement de toute langue dans ce qu'elle a d'universel et de spécifique.

Particularités du langage humain

Pour justifier que, dans l'ensemble des langages existants, le linguiste accorde une place privilégiée au langage humain, il faut et il suffit que celui-ci présente, au moins, une caractéristique en propre.

Le caractère vocal du langage

Jusqu'à aujourd'hui, on ne connaît pas une seule société humaine dont les membres ne se parlent pas. Pourtant, il est de multiples possibilités qui pourraient combler notre besoin irrépressible de communiquer. Des codes secondaires comme le morse, le sémaphore, le braille, le langage des signes, etc., sont calqués sur le langage parlé ou la langue écrite mais seul le langage parlé est universellement attesté. Il est premier génétiquement (l'enfant apprend à parler avant que d'écrire) et historiquement (sur la planète, le nombre de langues non encore écrites excède celui des langues qui le sont).
Le caractère vocal du langage détermine les formes de la communication, la linéarité du message parlé et le fait que, pour exprimer des relations complexes, le locuteur ne dispose que de cette seule dimension linéaire.
Enfin, c'est le caractère vocal du langage qui conditionne la méthode d'analyse linguistique bien que ce trait* ne spécifie pas le langage humain.

L'ordre de la langue

« Ce qui "se dit" en français est "du français", et s'il y a une communauté ethnique, c'est dans la langue qu'elle prend sa source. Le mode du Comme on dit *rejette la parole étrangère. »*
Josette Rey-Debove, *Le Métalangage*, 1997.

Langage humain et communication animale

Comparons le langage humain avec ce que nous savons des systèmes* de communication animale avec lesquels il partage de nombreux points.
Non seulement la sonorité ne constitue nullement son originalité (voir les oiseaux, les chats, les chiens…) mais encore, nous savons tous que les animaux disposent,

pour communiquer, de moyens qui nous font défaut ; nos capacités sensorielles sont très limitées. Il n'est pas jusqu'à certaine capacité d'abstraction dont des expériences récentes montrent que les chimpanzés sont dotés. Certes, la communication animale resterait de contenu pauvre, fixe, lié à des données objectives, ne donnant lieu qu'à des réponses comportementales, fonctionnant sans recours à des relais. Une abeille ouvrière qui porte à la ruche les informations concernant un butin ne s'arrêtera pas en route pour charger une congénère de transmettre son message. Un « *Ne leur dis pas que je t'ai dit de ne pas le dire* » n'appartient probablement pas au règne animal, de la même manière que la mère rascasse ne saurait prévenir son petit des dangers de l'hameçon. Les animaux ont une évolution et, jusqu'à preuve du contraire, pas d'histoire cumulative des savoirs mais, surtout, et c'est là que réside la différence capitale d'avec le langage humain, leurs messages ne sont pas décomposables en éléments stables et constants. Toutes les langues du monde présentent cette caractéristique, elles fonctionnent sur le principe d'une double articulation*, principe si fondamental que nous y reviendrons (*voir* pp. 8-9).

L'origine

« Le langage humain, [...] né du jour où des combinaisons créatrices, des associations nouvelles, réalisées* chez un individu, ont pu, transmises à d'autres, ne plus périr avec lui. »
Jacques Monod, *Le Hasard et la Nécessité*, 1973.

Le métalangage

Ce nom désigne le langage qui décrit une langue. Si l'on peut toujours gloser un code en passant par une langue – par exemple, une équation mathématique traduisible « en clair » –, la langue, elle, ne dispose d'aucun outillage particulier pour parler d'elle-même. Contrairement à n'importe quel autre code, la langue ne dispose d'aucune clé de déchiffrage déposée hors d'elle-même. On ne parle de la langue qu'avec des mots de la langue, cette singularité lui étant constitutive.

Par ailleurs, la langue ne connaissant d'autre ordre qu'elle-même, ce qu'une langue refuse comme « ne se disant pas » peut être énoncé dans cette même langue, par exemple un francophone qui jugerait que *bedoucette* n'est pas un mot français…

Essentielle est la définition d'André Martinet (1908-1999) : *« Nous réservons le terme de langue pour désigner un instrument de communication doublement articulé et de manifestation vocale. »* (ELG, 1973)

La double articulation

Ce principe, à lui seul, sert à discriminer ce qu'est une langue et ce qui ne l'est pas.

Ce qu'est une langue

« Finalement le trait qui semble distinguer spécifiquement les langues humaines de tous les autres systèmes de communication réside dans ce qu'on appelle à la suite de Martinet la double articulation du langage. »*
Georges Mounin, *Clefs pour la linguistique*, 2000.

La première articulation

Posons, par hypothèse, les données d'expérience comme un continuum dont nous n'avons qu'une perception discontinue. On peut imaginer que, pour rendre compte de la spécificité de nos expériences successives, nous utilisions des messages chaque fois différents, chaque expérience représentant une sorte d'unité inanalysable, comparable à ce que produit l'enfant au stade du babil.
Or, le processus utilisé est autre. Une langue va ouvrir un certain nombre de « fenêtres » sur ce continuum, fenêtres à partir desquelles on va tenter de reconstruire l'expérience à transmettre. Disons qu'on va dessiner un profil en partant de pointillés dont les pleins et les intervalles ne se correspondent pas forcément d'une langue à une autre.
Mais, pour une langue donnée, les mêmes pleins sont réutilisés dans des combinaisons très différentes. Le principe de cette réutilisation à la base d'une combinatoire est appelé « première articulation* » (du latin *articulus*, « partie d'un tout »). On peut par exemple réutiliser *clarté*, *soleil*, qui ne sont reliés à aucune expérience particulière, dans des contextes différents.
Cette première articulation s'oppose à l'absence d'articulation représentée par les interjections comme *aïe !* et ses variantes*. Hors situation, il est difficile de les voir apparaître dans des contextes différents. Il s'agit d'un pré-langage, l'équivalent articulé pouvant en être : *J'ai mal au doigt*, *à l'oreille*, etc.
La question est de savoir dans quelle mesure les hommes parviendraient à se comprendre au moyen de tels éléments ou de grognements, pour aussi diversifiés qu'ils soient. Il en faudrait un nombre incalculable, ce qui représenterait une charge mémorielle

considérable d'une part, sans être sûr, d'autre part, que nos capacités auditives nous permettraient de faire nettement les distinctions.
En admettant que le langage soit né de la sorte, le mécanisme de la première articulation se serait amorcé dès qu'on aurait eu succession de deux grognements (soit un embryon de combinatoire) pour spécifier une expérience unique.

La deuxième articulation

Poussant l'analyse plus avant, on s'aperçoit que ces éléments articulés se décomposent eux-mêmes en éléments plus petits qui sont, eux aussi, réutilisés dans des combinaisons différentes. C'est la « deuxième articulation ».
Si bien que, par un jeu de réutilisations successives à considérer selon deux niveaux distincts d'analyse, on arrive à un système* extrêmement économique puisque, avec à la base un nombre très restreint d'éléments différents (en moyenne, une trentaine d'unités phoniques par langue), on obtient une infinité d'énoncés.

Les unités

L'unité minimum, indivise, de première articulation est le monème* (*morpheme*, aux États-Unis). Le monème se différencie du mot, par exemple : dans *poirier*, *malheureux* ou *défaire*, nous avons un mot mais au moins deux monèmes pour chaque cas.
L'unité minimum de deuxième articulation, non segmentable, indivise, est le phonème*. Par exemple, en espagnol, [tʃ] = un seul phonème /č/.
Le phonème est différent du son (comme le monème est différent du mot mais sans qu'il y ait parallélisme entre les deux niveaux d'articulation, seulement des ressemblances).
Le son est une réalité physique, prise en compte par la phonétique, tandis que le phonème est une abstraction ; c'est une entité différentielle* qui n'existe que dans un système donné.

Un système inarticulé

« Un système non articulé est un système où les unités signifiantes ne se combinent pas : ainsi les feux rouge, jaune et vert de la circulation. »
Frédéric François, *Le Langage*, sous la dir. d'André Martinet, 1968.

Les deux niveaux d'articulation organisent l'analyse linguistique en deux parties : celle des unités de première articulation et celle des éléments non significatifs avec leurs règles respectives de combinaison.

La prosodie

Universellement, les langues se présentent comme un moyen de communication vocal doublement articulé, mais toutes utilisent aussi des procédés qui échappent à cette double articulation* : les éléments prosodiques.

Nature physique des faits prosodiques

Tout acte de parole s'inscrit, inévitablement, dans une courbe mélodique continue, composée d'une hauteur mélodique, d'une intensité et d'une durée. Pour parler, il est nécessaire de tendre les cordes vocales en début d'énoncé pour les détendre ensuite, ceci lié à la physiologie des organes.

Tout ce qui est obligatoirement entraîné par le fait de parler n'est que physiologique et non pas linguistique. Ne le sera que ce qui a été choisi par le locuteur à des fins communicatives, telles certaines des modalités prosodiques.

Modalités linguistiques des faits prosodiques

1) **L'intonation** peut remplacer des unités doublement articulées*. Un énoncé, selon qu'il est prononcé avec une montée ou une descente de la voix, signifiera l'affirmation ou l'interrogation, valant dans ce cas *est-ce que ?* Mais, le plus souvent, ce qui est transmis grâce à l'intonation ne se traduit pas aussi facilement et nous laisse dans l'équivoque, par exemple les interprétations possibles de *Allons !*

2) **Les tons** qui, dans les langues à tons, sont *a)* ponctuels ou *b)* mélodiques.

a) Dans une langue à trois tons (haut, bas et moyen) – type répandu en Afrique noire –, chaque ton caractérise une syllabe et s'identifie par rapport aux autres, indépendamment du registre naturel de la voix.

b) Dans certaines langues (nombreuses en Afrique et en Extrême-Orient), c'est la direction du mouvement mélodique qui permet d'identifier les tons, soit :

Ce qui est linguistique et ce qui ne l'est pas

« Rien n'est proprement linguistique qui ne puisse différer d'une langue à une autre. »
André Martinet, ELG, 2003.

i) tons mélodiques simples, exemple : ton montant, ton uni et ton descendant.
ii) tons mélodiques complexes, exemple : un ton montant-descendant opposé à un ton descendant-montant, caractérisant des syllabes.
Enfin, il est des langues combinant des tons mélodiques et des tons complexes (ou registres). La tension brusque des cordes vocales peut provoquer la fermeture momentanée de la glotte. Il existe, alors, des tons plus caractérisés par un bref étranglement que par l'allure du mouvement mélodique. Exemple : en vietnamien, qui combine six tons répartis en deux registres, avec la syllabe [ma], nous aurons :
1- ton haut = *fantôme*
2- ton bas = *pousse de riz*
3- ton montant haut = *maman*
4- ton montant bas = *que*
5- ton « interrompu » haut = *cheval*
6- ton « interrompu » bas = *tombeau*
Dans les langues à tons, chacun s'oppose aux autres comme, en français, [i] de *lit* s'oppose à [o] de *lot* ou à [a] de *la*.
3) **L'accent** se caractérise par la mise en valeur d'une syllabe au sein d'une unité significative.
Dans les langues à accent obligatoire, sa place sera fixe ou variable, exemple :
– en tchèque, l'accent tombe automatiquement sur la première syllabe du « mot »,
– en polonais, sur l'avant-dernière,
– en anglais, italien, espagnol… le message va changer de sens selon la place de l'accent, exemple :
en italien : *(il) pápa = le pape* et *papá = papa*,
en espagnol : *término = le terme, termíno = je termine, terminó = il a terminé.*
En français, l'accent n'ayant aucun caractère obligatoire, nous l'utilisons pour mettre en relief tel ou tel segment d'énoncé et jouer avec les nuances, exemple : *Je' l'ai fait = c'est moi qui…, Je l'ai' fait' = l'action est aboutie* et, enfin, *Je l'ai fait' = je l'ai, de mes mains, fait.*

Une conception culturaliste

« Ce que nous appelons la voix, c'est la voix proprement dite, plus *d'innombrables variations du comportement qui s'entremêlent à la voix et lui donnent sa qualité dynamique. »*
Edward Sapir, *Anthropologie*, 1971.

Les éléments linguistiques en marge de la double articulation sont, aujourd'hui, l'objet de recherches poussées, grâce notamment aux nouveaux appareillages techniques.

Discrétion et pertinence

Voilà deux notions qui, sans appartenir originellement au domaine linguistique, y ont acquis légitimité et spécificité, jusqu'à en devenir des outils indispensables qu'il s'agit de nettement définir.

Une révolution dans les sciences humaines ?

Combien de sciences humaines souhaiteraient opérer avec des unités discrètes ! Imaginons que la psychologie soit en mesure d'isoler des émotions les unes des autres, de déterminer, avec exactitude, où finit la peur et où commence la panique...

La discrétion

Le terme « discret » est emprunté à la mathématique ; il s'oppose à continu.

En réduisant progressivement les vibrations des cordes vocales, on peut passer du [b] de *bal* au [p] de *pal* mais, quand on parle en français, on doit impérativement choisir l'un ou l'autre sans aucune continuité possible. Il n'y a aucun intermédiaire entre eux, rien qui soit un peu [po] = *pot* et un peu [bo] = *beau*, rien entre [pɛ̃] = *pain* et [bɛ̃] = *bain*... Si, par suite d'une prononciation défectueuse, un de ces mots était mal compris, on nous le ferait répéter car ce ne peut être que l'un à l'exclusion de l'autre ; entre /p/ et /b/ aucun chevauchement n'est possible, ce sont deux unités discrètes du français.

La graphie rend assez bien compte du caractère discret des unités de la langue à condition, toutefois, de se méfier des pièges orthographiques (exemple : des mots comme *temps*, *femme* ou *pinceau*).

Les unités discrètes

Les phonèmes* sont, par définition, des unités discrètes qui existent en nombre limité dans chaque langue. Ce sont des éléments abstraits, de l'ordre d'une réalité linguistique, mais qui vont se concrétiser phoniquement. Exemple du système* vocalique de l'arabe (*voir* schéma) dans lequel trois phonèmes vont pouvoir se réaliser* phonétiquement selon des latitudes relativement larges, l'essentiel étant de bien les maintenir mutuellement distincts.

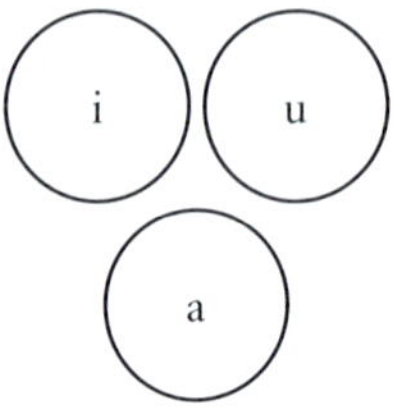

Les monèmes* seront considérés comme discrets en tant qu'ils résultent de combinaisons de phonèmes.
Les tons, fonctionnellement comparables aux phonèmes, seront traités à l'identique, exemple : en chinois, ↗ premier ton (montant) et → deuxième ton (uni), si ténue la différence entre eux puisse-t-elle être, les locuteurs devront la maintenir.
Quant à l'intonation, tout au plus un message peut-il varier grâce à une allure intonative opposée à une autre, mais elle n'est pas segmentable en unités discrètes.
Il ne s'agit pas d'une montée par paliers où à un niveau nettement déterminé correspondrait un énoncé univoque. Là, la moindre modification de la courbe entraîne une modification parallèle du sens de l'énoncé.

Les unités discrètes

Ce sont « *celles dont la valeur linguistique n'est affectée en rien par des variations de détail déterminées par le contexte ou diverses circonstances* ». André Martinet, ELG, 2003.

La pertinence

Toute description ne peut être finie que si elle est effectuée selon un angle de vue déterminé ; c'est d'après cet angle de vue qu'un fait deviendra pertinent ou non pertinent pour une description. Ceci permet de définir la pertinence comme l'adéquation à un certain point de vue.
En matière de langue, soit une séquence quelconque émise :
– l'acousticien enregistrera une suite de vibrations ;
– le physiologue en examinera le mécanisme physiologique de production ;
– le philologue cherchera les traces de l'évolution des mots.
Chacun s'attachera à ce qui concerne son domaine de pertinence.
Le linguiste fonctionnaliste définissant la langue comme outil de communication, considérera comme pertinents les faits intéressant l'établissement de la communication et écartera les autres. Si, d'aventure, quelqu'un s'avisait de définir la langue comme un phénomène vocal se manifestant entre deux ou plusieurs individus et empêchant la communication mutuelle, il devrait alors considérer comme pertinents les moindres faits susceptibles d'entraver la communication et rejeter tous les autres.

Pour un linguiste, tout n'est pas à retenir dans un échange verbal, « *seuls les éléments porteurs d'information sont pertinents* » (André Martinet, ELG).

La linguistique comme science

L'accession de la linguistique au statut de science a, de fait, inauguré un certain mode de traitement des faits humains qui s'est répandu sous l'appellation de « structuralisme ». De quoi s'agit-il, très succinctement ?

Système et structure

Convenons d'appeler « système* » tout ensemble d'éléments solidaires et gageons que la notion nous est relativement familière – ne serait-ce que par référence au « système solaire » de Copernic. Ce qu'introduit de nouveau la notion de structure*, c'est l'idée que la relation l'emporte sur l'élément. À titre d'illustration, imaginons une réunion des copropriétaires d'un immeuble convoqués avant la réfection d'une des façades et l'installation d'un ascenseur. Les présents ont en commun leur participation à la propriété de l'immeuble mais, pour la répartition des charges, interviendra la situation respective des appartements par rapport à leur exposition et à leur étagement, ce qui ordonnera des regroupements de propriétaires. L'ensemble de ces regroupements – indépendants des propriétaires eux-mêmes – représentera la structure de propriété de l'immeuble.

Retenons comme essentielles l'idée de totalité et l'importance des rapports entre les éléments.

En matière de langues, depuis au moins le IVe siècle av. J.-C., elles sont considérées et décrites comme des systèmes dans lesquels les parties et les éléments sont liés entre eux (*cf.* Aristote, *La Poétique*, chapitre 20). La conception et le traitement en ont été modifiés dès lors qu'on a envisagé une démarche de type scientifique, soit

L'objet de science

« La science recherche ses objets, elle les construit, elle les élabore ; elle ne les trouve pas "tout faits", tout donnés dans la perception ou l'expérience immédiate. »
Jean Ullmo, *La Pensée scientifique moderne*, 1981.

satisfaisant aux questions suivantes : le « quoi ? », le « comment ? » et le « pour quoi ? » de l'étude. C'est par Ferdinand de Saussure (1857-1913), dans les notes de ses *Cours de linguistique générale* (CLG) colligées par ses étudiants, que des réponses à ces questions seront proposées.

La science et les faits

« L'observation scientifique est toujours une observation polémique ; [...] *elle reconstruit le réel après avoir reconstruit ses schémas. »*
Gaston Bachelard, *Le Nouvel Esprit scientifique*, 2003.

La langue comme objet

Toute manifestation de l'activité langagière des hommes intéresse la linguistique, depuis le babil de l'enfant jusqu'au discours le plus académique, du plus ancien des manuscrits jusqu'aux bribes de conversation saisies dans la rue, mais, si l'ensemble de ces faits constitue bien la matière de la discipline, il n'en représente pas, pour autant, son objet propre.
Le phénomène langage étant impliqué dans quasiment tous les aspects de la vie sociale, comment l'aborder ? Par le biais sociologique, psychologique, physiologique, cognitif ou tout autre qui le vaille ? Sur quels critères s'appuyer pour privilégier une approche plutôt qu'une autre ?
« *Il faut se placer de prime abord sur le terrain de la langue et la prendre pour norme de toutes les autres manifestations du langage* », dit Saussure (CLG). Mais qu'est-ce que la langue ? Qui en est dépositaire ? N'en sommes-nous que les utilisateurs sans aucun pouvoir sur elle ? Quelle définition satisfaisante en donner ?
C'est en procédant à une série de distinctions théoriques que Saussure cerne son objet, tandis qu'outre-Atlantique la linguistique moderne naîtra, dans les années 1920, de la nécessité de disposer de descriptions des langues parlées – et non écrites – par les communautés indiennes qu'il s'agissait de régenter et d'évangéliser (*voir* pp. 32-33).
Face aux dualités que Saussure rencontre dès lors qu'il aborde les différentes facettes de la langue, il lui apparaît clairement que seul un objet idéal construit, abstrait du matériau des faits hétéroclites, permet de les dépasser (*voir* pp. 16-17).

Devant l'impossibilité de définir l'ensemble des faits de langage, le linguiste en a abstrait un objet *langue* idéalisé dont les modalités de réalisation* représentent celles de la faculté de langage.

Qu'est-ce que la langue ?

Le premier des constats opérés par Saussure est que l'objet langue échappe à toute saisie immédiate et que, contrairement à des sciences dont l'objet pourrait être abordé selon différents points de vue, c'est, ici, le point de vue lui-même qui crée l'objet.

Langage, langue, parole

Saussure découvre que tout phénomène linguistique, sous quelque aspect qu'on le considère, se présente toujours comme un phénomène double, où chacun des termes en opposition ne vaut que par rapport à l'autre. Ainsi, une émission langagière associe-t-elle, immanquablement, un pôle articulatoire à un pôle acoustique. De même, un acte (de parole) momentané, individuel, n'est-il rendu possible que grâce au passé commun à une collectivité, à une Histoire partagée.

Afin de déterminer la place de la langue parmi les faits de langage, il part d'un schéma, désormais classiquement connu sous le nom de « circuit de la parole » :

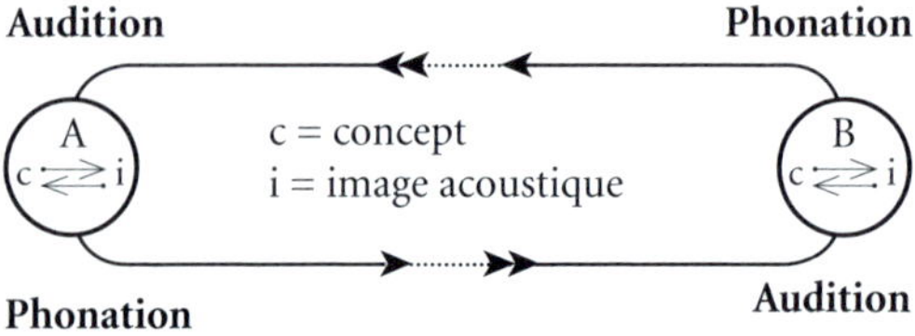

Saussure conclut que seule la langue introduit un ordre naturel de classification parmi les faits de langage. Par « naturel », il faut comprendre que la langue ne dépend d'aucune instance extérieure, n'est

Qu'est-ce que la langue ?

« C'est à la fois un produit social de la faculté du langage et un ensemble de conventions nécessaires, adoptées par le corps social pour permettre l'exercice de cette faculté chez les individus. »

Ferdinand de Saussure, CLG, 1995.

la création d'aucun homme ni d'aucun gouvernement. En cela, elle se distingue de toutes les conventions établies délibérément et consciemment par la société, et se trouve à l'abri de toute tentative de révolution.
L'on pourrait objecter que c'est la faculté de langage qui nous vient de la nature tandis que la langue est apprise et nécessite un apprentissage. Mais que penser du cas des « enfants sauvages » qui, lorsqu'ils sont recueillis après avoir passé plusieurs années dans l'isolement, n'accèdent plus à la parole (*voir* brève) ? Ils sont pourtant munis des organes pour parler et de la faculté de langage, mais ils ne savent pas s'en servir parce que leur a manqué cet apprentissage du maniement de l'outil langue mis au point par une communauté.
Sans doute n'est-ce pas tant le langage parlé qui est naturel à l'homme que la faculté de construire un système* de signes distincts correspondant à des idées distinctes.

Les « enfants sauvages »

« Les enfants privés trop tôt de tout commerce social [...] demeurent démunis dans leur solitude au point d'apparaître comme des bêtes dérisoires, comme de moindres animaux. »
Lucien Malson, *Les Enfants sauvages*, 2003.

L'entité langue

La langue est un entre-deux, le lieu de l'indissociabilité entre les membres de plusieurs oppositions. Elle ne se confond ni avec la faculté de langage ni avec l'acte individuel de parole. Elle appartient, à la fois, à une collectivité et à chacun de ses utilisateurs. Elle a des racines, une histoire, elle a subi des transformations et continue de fonctionner au quotidien mais, surtout, sa caractéristique la plus remarquable, c'est qu'avec des sons, elle produit du sens. C'est là que s'opère la véritable alchimie linguistique, la langue « *est un système de signes où il n'y a d'essentiel que l'union du sens et de l'image acoustique* » (CLG) (*voir* pp. 18-19).
Ainsi définie, la langue est à ce point une entité abstraite qu'on peut facilement concevoir qu'un sourd-muet qui lit et écrit possède la langue tout en restant hors du circuit des échanges oraux.

On isolera donc le concept de langue en le distinguant du langage défini comme la faculté de communiquer, et de la parole en tant qu'acte individuel de volonté exercé grâce à l'héritage d'une langue.

Le signe linguistique

Nous vivons entourés de signes, signaux, indices, symboles, manifestations de toutes sortes qui nous renvoient à des contenus de signification, mais le signe linguistique a des particularités qui le distinguent de tous les autres.

Nature du signe linguistique

« *Le signe linguistique unit non une chose à un nom mais un concept et une image acoustique.* » C'est une « *entité psychique à deux faces* » selon le schéma (CLG) :

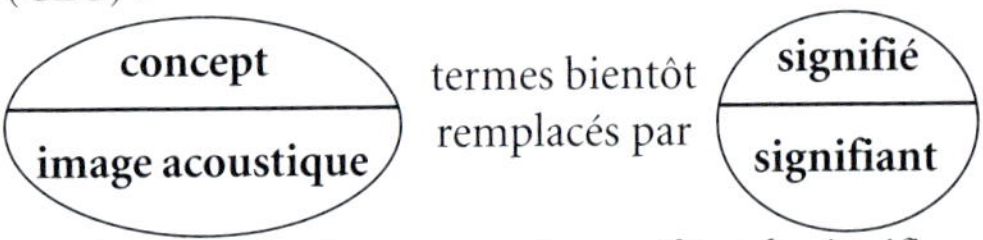

Seul le *rapport* existant entre le signifié et le signifiant constitue un fait linguistique ; pris à part, ils ne sont rien pour la science du langage.
La comparaison que Saussure juge la plus exacte pour illustrer le type de rapport entre les deux éléments du signe est celle de la feuille de papier dont « *on ne peut découper le recto sans découper en même temps le verso* ; [...] *on n'y arriverait que par une abstraction* » (CLG).

Les caractères du signe linguistique

Énoncer que le signe linguistique est arbitraire paraît aussi rebattu que de parler du bleu du ciel, mais encore convient-il d'éviter toute équivoque quant au sens d'« arbitraire ». Ce qui l'est, c'est le lien entre le signifié et le signifiant, c'est-à-dire le signe lui-même, à savoir qu'on ne peut alléguer aucune raison « naturelle » pour que la suite de signifiant [mezɔ̃] renvoie au concept (signifié) *maison*, à preuve, les différences de langue à langue, exemple : espagnol : *casa*, anglais : *house*, russe : *dom*... En cela, le signe se différencie du symbole.

La réalité du signe saussurien

Lorsqu'on parle, depuis Toulouse, de prendre le TGV de 9 h 20 pour Paris, à quelle réalité se réfère-t-on ? Matériellement (les wagons, la machine, les voyageurs...), que restera-t-il d'identique entre hier, aujourd'hui, demain, la semaine prochaine, et permettra d'identifier ce train ? Seules ses coordonnées différentielles* parmi les autres du réseau national, à savoir son parcours et son horaire, lui conféreront identité et réalité.

« Arbitraire » ne signifie, en aucune façon, que le locuteur puisse choisir librement les signes ; ils sont imposés par l'usage de la communauté qui les utilise et il ne nous reste que peu de possibilités d'action sur notre propre langue – possibilités, notamment, de jeu qu'exploitent à l'envi les publicitaires et, heureusement aussi, les poètes.

Que dire des onomatopées dont la face phonique est censée rappeler une réalité dans la nature, ce qui irait à l'encontre de l'arbitraire du signe ? D'abord, elles existent en trop petit nombre dans les langues et, surtout, elles s'y intègrent au point de devenir aussi arbitraires que n'importe quels autres signes. Par exemple, alors que dans les bandes dessinées françaises, on rit *hihi !*, en espagnol cela devient *jaja !* Quel francophone pourrait-il repérer l'onomatopée latine *pipio* sous l'actuel *pigeon* ? Donc, le cas des onomatopées demeure marginal et trop peu représentatif pour contredire le principe d'arbitraire du signe.

La linéarité du signifiant constitue la seconde caractéristique du signe. Les séquences phoniques se succèdent dans le temps, elles ont un début et une fin, il n'est pas possible de prononcer deux éléments à la fois. En cela, la langue parlée se différencie de l'écrit, par exemple, ou de la peinture qu'on peut toujours regarder plusieurs fois et dans un ordre non imposé, tandis que, dans un énoncé, l'ordre de succession des éléments peut être capital et, souvent, pour en comprendre le sens, doit-on attendre la fin de son déroulement.

Enfin, le signe appartient au système* d'une langue particulière, système au sein duquel chaque signe ne doit son existence que par opposition aux autres signes du même système. C'est le fait de s'opposer qui en fait sa valeur positive. Par exemple, compte tenu des accents régionaux, il est très possible que le /r/ soit, en français, prononcé de manières sensiblement différentes, l'essentiel étant qu'il ne se confonde avec aucune autre consonne de la même langue.

Le signe linguistique revient à être une pure valeur dans un ensemble de relations qui exclut tout lien avec les objets du réel.

Des concepts opératoires

Les termes « synchronique » et « diachronique » qualifient des points de vue sur les faits de langue tandis que « syntagmatique » et « paradigmatique » déterminent des types de relations entre les éléments linguistiques.

La synchronie évacue le facteur temps

On peut faire une description synchronique d'un état de langue situé en n'importe quel point du temps comme, par exemple, du latin de Cicéron ou de l'anglais de Chaucer.

Synchronique/diachronique

Jusqu'à Saussure, on étudiait les langues essentiellement sous l'angle de leur évolution et de leur filiation, c'est-à-dire selon un point de vue diachronique. Sa réflexion va impulser les recherches vers la description d'états de langue considérés comme s'ils étaient arrêtés en un certain point du temps. Bien entendu, il s'agit d'un artifice scientifique puisque les langues ne cessent de changer, de se transformer continûment mais on peut, par abstraction, envisager les faits comme relativement statiques, au moins le temps de l'étude qu'on leur consacre, dans une optique synchronique.

Un même fait peut être l'objet d'une étude synchronique et d'une étude diachronique à la condition de les effectuer successivement. Prenons pour exemple, en français, les différences phonétiques entre le [a] de *patte* et le [ɑ] de *pâte*. Dans une description actualisée de la langue, on noterait leur coexistence éventuelle et l'enquête devrait déterminer selon quel pourcentage les locuteurs perçoivent et font ou non une distinction entre les deux prononciations. On reste, alors, au plus près d'une présentation synchronique du phénomène. Pour un début de visée diachronique et à partir de la même enquête, il suffirait de disposer de données concernant l'âge des informateurs. En intégrant ce facteur, il deviendrait possible de dégager au moins une tendance du système* vocalique du français qui va, le plus vraisemblablement, vers une simplification puisque la différence entre les deux [a] [ɑ] n'est plus guère maintenue par les locuteurs les plus jeunes.

Syntagmatique/paradigmatique

Tout élément linguistique entretient avec les autres éléments du même système que lui des relations de deux sortes. Selon qu'on les analyse sur un axe horizontal, celui de la chaîne* parlée, les éléments se trouvent dans des rapports de coexistence ou syntagmatiques*. En revanche, en un même point de la chaîne, sur un axe vertical, les éléments sont, entre eux, dans des rapports d'exclusion ou paradigmatiques*.

Soit l'énoncé français : *Les jacinthes que tu as mises l'an dernier embellissent le jardin.*

– au niveau des unités de la première articulation* (*voir* pp. 8-9), chacune d'entre elles est en rapport non seulement avec celle qui la précède et celle qui la suit, mais aussi avec toutes celles qui ont en commun de figurer dans la linéarité de l'énoncé (ce qui implique succession et aussi combinaison). Par exemple, le phénomène d'accord en genre et en nombre ressortit à la syntagmatique : *jacinthes* est en rapport avec *les* et avec *embellissent.*

– il en va de même pour les unités de la deuxième articulation. Dans cet énoncé, /l/ est en rapport syntagmatique avec quatre voyelles (/e/, /ã/, /i/ et /ø/), et l'observation d'un corpus* large et représentatif montrerait que, se combinant avec toutes les voyelles du système, il se réalise* comme une sonore à leur contact tandis qu'il s'assourdit après une consonne sourde, comme c'est le cas après le second [p] de [pœpl] (*peuple*).

Le même énoncé peut nous servir pour illustrer des rapports paradigmatiques entre les unités. Par exemple, à la place de *jacinthes*, nous pourrions avoir un nombre incalculable de noms (ou substantifs), avec comme seules contraintes grammaticales de respecter le féminin et le pluriel, sinon ce ne sont que des considérations d'ordre sémantique qui rendent *tourterelles*, *opérettes* ou *fantaisies* peu probables dans le contexte de cette phrase.

Le système et le paradigme

Les rapports syntagmatiques sont directement observables, ils concernent des éléments *in praesentia – selon les termes choisis par Saussure – tandis que les rapports paradigmatiques s'établissent entre éléments *in absentia**.**

Il est impératif de maintenir distincts les deux couples d'opposition synchronique/diachronique et syntagmatique/paradigmatique.

Un peu de phonétique

La phonétique est l'étude physique des sons, elle ne concerne que la partie du signifiant du signe.

L'alphabet phonétique international

En tant qu'étude du matériau phonique du langage, la phonétique peut être générale, internationale, alors qu'il n'est de phonologie que d'une langue particulière, chacune ayant sa structure* propre.

La phonétique à l'ère technologique

De pair avec les développements techniques, la phonétique est devenue une science expérimentale adaptée aux besoins contemporains en matière de reconnaissance et synthèse de la parole ainsi que de la voix humaine, dans ses aspects normaux et pathologiques.

Définition générale

Tout acte de parole impliquant au moins un locuteur et un auditeur, les caractéristiques des sons pourront être décrites soit à partir de leur production, en termes articulatoires, soit à partir de leur réception, en termes acoustiques. Nous choisirons la phonétique articulatoire parce qu'elle est plus aisée à se représenter et ne nécessite pas d'appareillage particulier.

Les sons résultent de vibrations qui se propagent dans l'air sous forme d'ondes. La plupart des langues n'utilisent que la colonne d'air expiré pour produire les sons de la parole, sauf quelques-unes qui se servent aussi de l'air entrant dans les poumons.

Selon la façon dont s'effectue le passage de l'air vers l'extérieur, se produisent des voyelles si le passage est libre ou des consonnes dès lors qu'un obstacle se présente, soit fermeture, soit rétrécissement.

Ces obstacles se situent en différents points du trajet de l'air depuis le pharynx jusqu'aux lèvres. Au niveau du larynx, les cordes vocales (deux petits muscles et des ligaments) ont la possibilité de vibrer, livrant des sonores, ou de ne pas vibrer, donnant alors des sourdes. Toutes les voyelles sont sonores tandis que, parmi les consonnes, il en est des deux sortes, par exemple en français : [b, v, d, z, g…] sont sonores et [p, f, t, s, k…] sont sourdes. Nous n'avons guère l'habitude d'observer nos réalisations* phoniques, mais les malentendants, en cours de démutisation notamment, apprennent à percevoir la présence de vibrations de la glotte en portant leur main à la gorge, ce qui leur est utile pour prononcer différemment *pou* et *boue*, *fou* et *vous*, *tout* et *doux*…

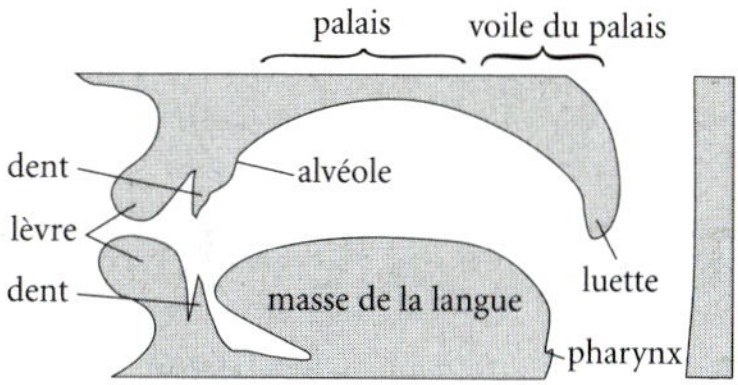

Toujours au fond de la bouche et dans sa partie supérieure, se trouve le voile du palais qui, selon qu'il est relevé ou abaissé, libère les fosses nasales. Lorsqu'une partie de l'air expiré passe par le nez, la voyelle ou la consonne produite est nasale*, exemple : [m, n, ɑ̃, ɛ̃].

Sons du français standard selon l'alphabet phonétique international

Voyelles

Orales

i comme dans ..... *lit* [li]
e .... *fée* [fe]
ɛ .... *faire* [fɛʀ]
a .... *patte* [pat]
y .... *dur* [dyʀ]
ø .... *peu* [pø]
œ .... *peur* [pœʀ]
ə .... *le* [lə] (muet)
u .... *fou* [fu]
o .... *peau* [po]
ɔ .... *port* [pɔʀ]
ɑ .... *pâte* [pɑt]

Nasales*

ɛ̃ comme dans ... *pain* [pɛ̃]
œ̃ .... *un* [œ̃]
ɔ̃ .... *pont* [pɔ̃]
ɑ̃ .... *dans* [dɑ̃]

Consonnes

Occlusives*

• ***Orales***

p comme dans ... *pot* [po]
b .... *beau* [bo]
t .... *toux* [tu]
d .... *doux* [du]
k .... *cou* [ku]
g .... *goût* [gu]

• ***Nasales***

m comme dans ... *mou* [mu]
n .... *nous* [nu]
ɲ .... *agneau* [aɲo]
ŋ .... *parking* [paʀkiŋ]

Fricatives*

f comme dans ...... *fou* [fu]
v .... *veau* [vo]
s .... *cil* [sil]
z .... *azur* [azyʀ]
ʃ .... *chat* [ʃa]
ʒ .... *joue* [ʒu]

• ***Latérale****

l .... la [la]

• ***Vibrante***

{ ʀ .... *rat* [ʀa]
{ r .... *rat*
(prononcé « roulé »)

Semi-voyelles

j comme dans ...... *hier* [jɛʀ]
w .... *oui* [wi]
ɥ .... *lui* [lɥi]

Tableaux phonétiques du français standard

La présentation en tableau des consonnes et voyelles rend plus facilement compte de l'utilisation qui est faite des organes phonatoires pour les réaliser*, et de leur organisation interne.

Schéma phonétique des voyelles du français

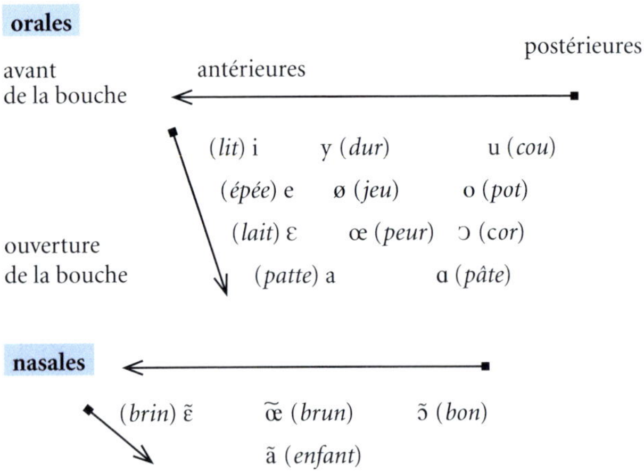

Tableau phonétique des consonnes du français

		bilabiales*	labiodentales	dentales* et alvéolaires	sifflantes	chuintantes	palatales	vélaires*	uvulaires
occlusives*	sourdes	p		t			k (*qui*)	k (*cou*)	
	sonores	b		d			g (*gui*)	g (*goût*)	
fricatives*	sourdes		f		s	ʃ			
	sonores		v		z	ʒ			ʁ
nasales *		m		n			ɲ	ŋ	
latérales*				l					
vibrantes				R					

Un peu de phonologie

Toutes les variations phonétiques ne se valent pas quant à la teneur des messages ; il en est qui sont sans conséquences alors que d'autres changent tout.

Un phonème ne se définit que négativement

Tenter de concevoir un phonème unique est une absurdité, tout système* linguistique en contenant au moins deux puisque qui dit phonème dit unité différentielle*.

La distinctivité

Quel locuteur francophone s'aperçoit qu'il prononce les consonnes différemment dans [ki] = *qui* et [ku] = *cou* ? Il suffit, cependant, d'observer la position de la masse de la langue dans chacun des cas pour prendre physiquement conscience de la différence, mais il n'y a là qu'une accommodation articulatoire due au timbre de la voyelle qui suit la consonne. Le [k] de *cou* s'articule nettement plus à l'arrière de la bouche parce qu'il précède une voyelle postérieure, tandis que [i] étant une voyelle d'avant, elle entraîne un [k] réalisé* plus à l'avant.

Or, rien n'empêche certaines langues d'utiliser cette même différence à des fins distinctives comme le fait le français entre le [k] de [ki] = *qui* et le [g] de [gi] = *gui*, différence fondamentale puisqu'elle sert à distinguer deux mots différents. Pourtant, phonétiquement, l'écart est ténu : sans vibrations des cordes vocales, nous émettons la consonne sourde [k], avec des vibrations, nous produisons la sonore [g]. C'est la seule différence que nous réalisons puisque, par ailleurs, [k] et [g] se prononcent de la même manière (avec arrêt complet du passage de l'air au niveau du voile du palais, donc deux occlusives* vélaires*) et c'est sur elle que repose le changement de sens entre *qui/gui*, *cou/goût*, *camp/gant*, *cas/gars*…, ce qui montre à quel point nous avons intérêt à maintenir nettement la distinction, faute de quoi des pans entiers de la langue s'effondrent.

Nous appelons « trait* pertinent » (ou « distinctif ») le plus petit élément phonétique responsable d'un changement de sens. Maintenant, si l'opposition entre [k] et [g] ne dépend que de la seule opposition sourde/sonore, il reste à caractériser, en termes de traits phoniques, ce qui permet au son [k] de se maintenir distinct des autres consonnes possibles du français, comme il apparaît dans la suite *qui/pis*, *qui/dis*, *qui/fit*, *qui/vie*... C'est-à-dire qu'il s'agit de respecter les distinctions qu'opère la langue et qui se manifestent au sein de paires de mots dont seul un segment varie (ici, la consonne initiale). De proche en proche, l'analyse nous amène à dégager des traits dont l'ensemble oppose l'entité /k/ à tout ce qui n'est pas elle. Cet ensemble de traits constitue ce qu'on appelle un phonème* et se transcrit entre barres obliques.

La réalisation des phonèmes

Pour la compréhension de la langue, peu importe comment on va prononcer le *r* du français ; il pourra être roulé, une seule fois ou plusieurs, grasseyé ou à peine fricatif* vélaire pourvu qu'il ne se confonde avec aucune autre unité distinctive du système français.

Français standard, français du Midi

Pour illustrer ce qui précède, prenons l'exemple de [e] et [ɛ] bien réalisés différemment en français comme dans [ete] = *été* et [vɛst] = *veste*. Nous considérons comme « standard » la variété de français qui comprend le maximum de distinctions opérées par l'ensemble des francophones, de telle sorte que le standard inclut le méridional, l'inverse n'étant pas vrai.

Des enquêtes montrent que certains Français utilisent la différence phonique pour faire passer une différence de sens, par exemple, entre [fe] = *fée* et [fɛ] = *fait*, [le] = *les* et [lɛ] = *lait*, [de] = dé et [dɛ] = *dais*... Il en va d'un prétexte à moquerie entre les « Nordistes » et les Méridionaux, lesquels, tout en pratiquant communément la différence de réalisation entre le *e* fermé et le *e* ouvert – puisqu'ils la réalisent en disant *été* et *tête*, *fée* et *fête*, *les* et *laisse*... –, ne l'utilisent pas aux mêmes fins que les locuteurs du Nord. Alors que, pour un Méridional, il ne s'agit que de deux variantes* d'un seul phonème /e/, au nord, on distinguera des sens différents selon qu'on prononce d'une manière ou de l'autre ; on aura alors deux phonèmes.

Un phonème est une pure abstraction qui se réalise comme une variation phonétique.

L'économie linguistique

Soumise à la loi universelle du moindre effort, la langue réalise son économie au niveau de chacune des deux articulations du langage par une adaptation de la dépense d'énergie des locuteurs à la quantité d'information qu'ils transmettent.

Économie au niveau de la deuxième articulation

Soit une langue comportant vingt phonèmes* consonantiques. Si, pour chaque unité, le locuteur doit maintenir vingt articulations* totalement différentes, cela va représenter un nombre important de complexes articulatoires à distinguer nettement les uns des autres, tant à la réalisation* qu'à l'audition. Ce n'est pas ainsi que les choses se passent et l'organisation de la langue se révèle économe en efforts musculaires et auditifs, en faisant du phonème le résultat d'une convergence de traits* pertinents. Autrement dit, les phonèmes se réalisent par combinaisons de caractéristiques distinctives de telle sorte que le nombre de traits, modes et types articulatoires de base est plus restreint que celui des unités qu'ils contribuent à distinguer.

Isolons, pour exemple, en français, le trait de sonorité, c'est-à-dire le trait différentiel* qui oppose une consonne réalisée avec vibrations des cordes vocales, comme [b] de *bain* opposé à une sourde comme [p] de *pain*. Évidemment, un trait de sonorité ne saurait être prononcé seul, il ne fait qu'accompagner un ensemble articulatoire (ici, des occlusives* bilabiales*), mais ce même trait va servir, comme pour *p/b*, à différencier les paires de consonnes *f/v*, *t/d*, *s/z*, *ʃ/j* et *k/g*.

Selon le même principe de réutilisation des traits, *m* et *n* s'opposent en tant que nasales* aux orales qui leur correspondent quant aux modes et points

La loi du moindre effort

« Tous les éléments du discours ou modèles du langage sont suscités et dirigés dans leur comportement par une loi fondamentale d'économie dans laquelle réside le désir de maintenir un équilibre entre la forme et le comportement. »
G. K. Zipf, ***La Psychobiologie du langage*, 1974.**

d'articulation, à savoir : *p-b/m, t-d/n*. En récapitulant, pour éviter de confondre des séries de mots du français comme *pain / bain / main / fin / vin / teint / daim / nain / sein / geint / gain…, pont / bon / mon / font / vont / ton / don / non / son / jonc / gond…*, on doit savoir réaliser un certain nombre de complexes articulatoires mais, ces complexes résultant de combinaisons d'un petit nombre de traits, les efforts articulatoires, acoustiques et aussi mémoriels, se trouvent réduits d'autant.

L'économie linguistique

Elle « *représente la synthèse des besoins et de l'inertie* ». André Martinet, *Économie des changements phonétiques*, 2005.

Économie au niveau de la première articulation

Nos besoins de communication exigent que nous disposions d'un nombre toujours plus grand d'unités comme, par exemple, en cas de possession de plusieurs voitures dans une même famille. Pour les désigner, il faudra recourir à des termes qui caractérisent chacune (souvent sa marque) et, comme ces termes sont d'un emploi moins fréquent que le terme générique *voiture*, ils viendront, du même coup, charger la mémoire de l'utilisateur. C'est-à-dire qu'on ne peut, en langue, réaliser d'économie à la fois sur l'axe syntagmatique* et sur l'axe paradigmatique*. Nous pouvons choisir d'utiliser des mots généraux, si fréquemment employés qu'ils finissent par se vider de leur sens et demandent une spécification par ajout d'autres mots, par exemple *machine à laver, machine à tricoter, sécurité sociale…* Ce faisant, nous augmentons le nombre d'éléments sur la chaîne* parlée, sans ménager notre énergie musculaire, mais nous ne chargeons pas notre mémoire (économie paradigmatique). En revanche, si au lieu de *machine à laver* nous en venons à parler de la *Brandt* ou de la *Miele*, nous nous épargnons des mouvements articulatoires, nous économisons sur la chaîne parlée (économie syntagmatique), mais nous alourdissons notre charge mémorielle d'unités à l'emploi plus restreint.

C'est la fréquence d'emploi d'une expression qui va déterminer le type d'économie à privilégier ; plus souvent une expression est utilisée, plus brève elle sera.

Les unités significatives

Les unités de première articulation (significatives) sont plus complexes que celles de la seconde articulation. Elles sont à double face, comportant un signifié et un signifiant, et ne sont pas en nombre limité et fini comme les phonèmes*.

La langue et le réel

« Repartons de l'expérience qui doit être communiquée. Si la communication doit être linguistique, cette expérience devra être analysée en un certain nombre d'éléments pour chacun desquels la langue étudiée possède un équivalent, à savoir un monème, avec son sens et sa forme phonique. »
André Martinet, *Langue et fonction*, 2005.

Les unités

La plus petite unité de première articulation* est le monème* qui recouvre morphème* et lexème*, le morphème appartenant à un inventaire fermé d'unités tandis que les lexèmes appartiennent à un inventaire illimité.
Le monème ne se confond pas avec le mot même si, souvent, il peut lui correspondre. Là où les grammaires traditionnelles notent, par exemple en français, un dérivé pour *bienheureux* mais une seule unité pour *au* ou *acheta*, nous compterons deux monèmes chaque fois puisque *au* résulte de la contraction de *à* + *le* et *acheta* se compose de la racine verbale + le passé simple.
Nous appellerons syntagme* toute suite ou combinaison de monèmes : *bienheureux*, *acheta* sont des syntagmes et *au* résulte d'un amalgame* puisqu'il ne se laisse pas découper en unités successives.
Au niveau syntaxique, l'unité au sein de laquelle on analyse les relations entre éléments linguistiques est la phrase.

Morphologie et syntaxe

À partir du moment où l'unité grammaticale est le morphème et non plus le mot, la frontière traditionnelle entre la morphologie et la syntaxe s'estompe. Il est convenu que la morphologie se cantonne à l'étude des variantes* de forme des unités sans incidence sur leurs signifiés, comme (en français) le verbe *aller* dont la racine varie en *va*, *allons*, *aille* et *ira*, tandis que la syntaxe traite des procédés utilisés par les langues pour exprimer des signifiés différents au moyen de variations de signifiants, exemple : [ʃa] = *chat* est différent de [ʃjɛ̃] = *chien.* Puisque, pour traduire verbalement la multitude des relations entre soi et le monde, entre les êtres et objets du monde, nous ne disposons que d'une chaîne* de parole, d'un axe linéaire (l'axe syntagmatique*), c'est à la syntaxe qu'incombe d'assigner des fonctions à certains types de monèmes et à leurs agencements. Bien entendu, cet axe entretient des rapports avec l'axe virtuel (paradigmatique*), celui des exclusions puisque, par exemple, en français, l'émergence des marques du masculin ou du singulier en un point de l'énoncé empêche celles du pluriel ou du féminin en ce même point. L'approche des faits syntaxiques devra rendre explicites les liens qui unissent les éléments linguistiques entre eux.

Les fonctions

« Fonction désigne ici le fait linguistique qui correspond au rapport entre un élément d'expérience et l'expérience globale. »
André Martinet, ELG, 2003.

Fonctions

S'il est toujours loisible de mettre l'accent sur certains aspects du langage comme sa capacité d'expressivité ou sa force poétique, il s'avère qu'en définitive, ces possibilités se subordonnent à la fonction communicative. Les éléments du langage seront identifiés et regroupés selon la façon dont ils assument leur fonction dans l'énoncé, soit :

– les monèmes autonomes qui ne dépendent pas de l'ordre des éléments dans l'énoncé ; ils portent en eux-mêmes l'indication de leur fonction, comme *déjà* dans les exemples français suivants : *Déjà, il est arrivé ! Il est, déjà, arrivé ! Il est arrivé, déjà !*

– les monèmes fonctionnels qui explicitent la nature des relations entre deux monèmes ou groupes de monèmes, par exemple *à* et *dans* des énoncés : *Il arrive à trois heures* et *Il arrive dans trois heures.*

– les monèmes dépendants, ceux qui, forcément, dépendent soit d'un monème fonctionnel, soit de leur position relative dans l'énoncé pour marquer dans quel type de rapport ils se trouvent avec le reste de l'énoncé, exemple : *train* dans la phrase : *Il est arrivé par le train de 3 heures.*

L'avantage d'un classement fonctionnel des monèmes sur les descriptions traditionnelles, c'est son application à n'importe quelle langue du monde.

La linguistique structurale américaine

Pendant qu'en Europe se mènent des études synchroniques suivant la pensée saussurienne, aux États-Unis se développent deux courants qui ont pour but de décrire scientifiquement les langues, notamment celles des Indiens d'Amérique.

L'ethnolinguisme de Sapir

Edward Sapir (1884-1939) n'a jamais dissocié la langue de la culture du peuple qui la parle. L'activité linguistique se trouve, dès lors, prise dans un ensemble culturel plus large schématisable par une succession de cercles englobés les uns dans les autres.

Dans une visée universaliste, parmi les procédés grammaticaux utilisés par les différentes langues du monde, Sapir recense six types principaux : l'ordre des mots, la composition, l'affixation (ajout de préfixes, suffixes…), la modification intérieure du mot, le redoublement (exemple : en ewe, langue d'Afrique de la côte de Guinée, *yi* = *aller*, *yiyi* = *allant*, *wo* = *faire*, *wowo* = *fait*) et les différences d'accentuation.

Les idées de Sapir, dont l'importance accordée à la fonction symbolique du langage, ont une filiation qui se perpétue jusqu'à nos jours, en particulier au Canada, mais c'est surtout Leonard Bloomfield (1887-1949) qui a fait école en proposant une méthode quasi mécanique de description des langues.

La forme et le sens

« Cependant, notre connaissance réelle du monde dans lequel nous vivons est si imparfaite que nous pouvons rarement faire de déclarations précises sur le sens d'une forme linguistique. »
Leonard Bloomfield, *Le Langage*, 1970.

Le distributionnalisme de Bloomfield

Bloomfield veut échapper au moindre recours à l'intuition des locuteurs. On est à l'époque où, dans un idéal de scientificité, l'Amérique rejette toute trace de psychologisme pour ne se fier qu'à des données tangibles, observables, quantifiables. Il va donc fonder son approche sur des études de corpus* (c'est-à-dire sur un ensemble d'énoncés effectivement attestés) et établir ses classifications sur la seule distribution des unités linguistiques. La distribution d'une unité est constituée par l'ensemble des contextes dans lesquels elle a la possibilité de figurer. Dans l'exemple français : *Cette nuit, la tempête s'est levée*, les unités susceptibles d'apparaître à la place de *cette* constituent une classe qui n'est déterminée que par le critère distributionnel, indépendamment du sens des unités. Du strict point de vue grammatical, à la place de *nuit* ou de *tempête*, une liste illimitée de noms pourrait s'inscrire. Du même point de vue, l'énoncé : *Un camembert pleurnichard attend la survivance des trains* est tout à fait acceptable, ne contrevenant à aucune règle de syntaxe française et, de fait, le signifié reste, pour Bloomfield, l'objet d'une grande réticence. Ce qu'il vise, c'est à dégager les procédés qui permettent au sens de circuler à travers les énoncés et il s'estime mal armé pour aborder la question du contenu de ce qui circule ; il en remet volontiers l'examen à une autre science que la linguistique.

La méthode utilisée par Bloomfield est, de même que pour le phonologue, la commutation*, c'est-à-dire le remplacement d'une unité par une autre dans le même contexte ; ainsi tous les noms pouvant remplacer *tempête* dans l'exemple cité sont-ils commutables.

En élargissant progressivement les contextes, on parvient à dégager des structures* syntaxiques qui valent quelles que soient les unités concernées. Par exemple, toujours à partir de la même phrase, on observe que les séquences suivantes étant commutables :

Une nuit…

La nuit dernière…

La dernière nuit où je t'ai vu, [la tempête s'est levée], on parvient à délimiter des cadres grammaticaux hiérarchisés. Au lieu de procéder du simple au complexe, on peut opérer, à l'inverse, par découpages successifs de segments d'énoncés. Les continuateurs de l'école bloomfieldienne ont raffiné cette méthode connue sous le nom d'« analyse en constituants immédiats ».

Langage et pensée

« Le langage, en tant que structure, constitue par son aspect intérieur le moule de la pensée. »
Edward Sapir, *Le Langage*, 2001.

Alors que la linguistique moderne est issue, en Europe, d'une réflexion théorique, aux États-Unis elle est née d'une nécessité historique.

Les grammaires formelles

La fin des années 1950 correspond à la période où les grandes puissances rivalisent d'efforts pour la maîtrise des techniques de l'information et de la traduction. Les premiers écrits de Noam Chomsky datent de cette époque.

Chomsky : ses objectifs

Chomsky a représenté la rupture d'avec les méthodes d'analyse qui ont précédé les siennes et auxquelles il a été formé. Il met l'accent sur la capacité créative des locuteurs qui, au terme d'un apprentissage relativement court, sont en mesure de produire des énoncés en nombre incalculable. Chomsky ambitionne d'expliquer le phénomène et, dans ce but, postule l'existence d'un ensemble fini et limité de règles inscrites dans le cerveau ; sa recherche visera à définir la forme que prennent ces règles. S'inspirant des sciences physiques, il pose des hypothèses relativement indépendantes des faits attestés et élabore des modèles formels de grammaire. Chacun de ces modèles est constitué d'un ensemble d'instructions logico-mathématiques (un algorithme) s'appliquant d'une manière inconsciente et répétée comme peut le faire un automate. Ces règles sont déductives et ont la forme de règles de réécriture. Soit l'exemple d'une phrase (symbolisée par P) élémentaire du français :
Le soleil illumine la vallée.
Après décomposition en ses éléments constituants, elle se réécrira :

P	→ SN + SV				
SN	→ art. + N	où	SN	=	syntagme* nominal
SV	→ V + SN		SV	=	syntagme verbal
Art.	→ *le, la*		art.	=	article
N	→ *soleil, vallée*		N	=	nom
V	→ *illumine*				

L'objet de la grammaire générative

« La théorie du langage est simplement la partie de la psychologie humaine qui traite d'un "organe mental" particulier, le langage humain. »
Noam Chomsky, *Réflexions sur le langage*, 1981.

principes généraux | linguistique structurale | face sonore de la langue

Apparaissent clairement les composantes d'une grammaire formelle, à savoir :
– un vocabulaire terminal comprenant tous les termes lexicaux ou les phonèmes* d'une langue (*le, la* ; *soleil, vallée* ; *illumine*...) ;
– un vocabulaire auxiliaire correspondant au métalangage de description de la langue, en l'occurrence des symboles de catégories grammaticales (SN, SV, V, N...) ;
– un ensemble fini de règles contenant toutes les règles de la grammaire. Une telle schématisation sera aisément visualisée (et répandue) sous forme d'arbres.

« Générer »

Le verbe « engendrer », de l'anglais *to generate*, emprunté aux mathématiques, signifie : énumérer explicitement au moyen de règles.

Quelques concepts fondamentaux

La compétence d'un locuteur désigne le savoir acquis lui permettant de comprendre et produire une infinité de phrases jamais entendues auparavant tandis que la performance, en tant que réalisation* effective de l'acte langagier, fait intervenir plusieurs systèmes cognitifs (mémoire, vision, perception...). Ce que se propose Chomsky, c'est l'élaboration d'un modèle explicite de la compétence des sujets, c'est-à-dire d'une grammaire générative susceptible d'engendrer toutes et rien que les phrases grammaticales d'une langue. Il conviendra, par exemple, de prévoir des contraintes qui empêchent l'apparition de la phrase : *La vallée illumine le soleil* (par spécifications du verbe et des lexèmes* sujet et complément). Lorsque le modèle se montre insuffisant pour rendre compte d'un phénomène syntaxico-sémantique, soit on le complexifie par ajout de nouvelles règles – dont les transformations qui rendent explicite l'apparentement entre phrases (exemple : *La vallée est illuminée par le soleil*) – et de nouveaux concepts comme ceux de structure* profonde abstraite et de structure superficielle – à savoir celle qui est obtenue après application des règles syntaxiques –, soit on change de modèle.

Les grammaires formelles ont contribué aux recherches linguistiques de type cognitiviste, mais le degré de technicité des modèles a interdit l'accès de la discipline à nombre de personnes intéressées.

En grammaire, quoi de neuf ?

N'est-ce pas moins la grammaire qui régit la langue que les locuteurs qui modèlent la grammaire ? Sous la question, une pointe de provocation et l'intention de regarder quelques aspects normatifs et pédagogiques de la grammaire.

Langue parlée et langue normée

Si nul ne fait de faute par plaisir, pourquoi et comment un locuteur natif contrevient-il aux règles de grammaire de sa langue ? L'ensemble des prescriptions grammaticales est enseigné aux enfants mais la langue s'acquiert, essentiellement, par l'exemple.

À l'école, l'enseignant repère et sanctionne les fautes. Hors de ce cadre, c'est la société qui s'érige en juge et, pour être diffuse, sa sanction n'en est pas moins effective. Celui qui, dans l'échange, n'utilise pas la même monnaie que ceux auxquels il s'adresse se voit vite marginalisé.

La langue ne peut exister sans norme mais celle-ci doit être à la fois suffisamment stable pour perdurer et suffisamment souple pour plier et se modifier. De plus, l'idée même d'une langue homogène autour d'une norme unique est une vue de l'esprit, une construction idéalisée des linguistes. Les facteurs sont multiples qui déterminent des variations de type sociologique (les registres de langue), géographique (les usages régionaux), historique (les termes vieillis ou à la mode) et même les rapports collectifs ou individuels que les utilisateurs entretiennent avec leur langue. Ainsi, au Canada, la féminisation des noms a-t-elle pu s'effectuer avec plus de détachement qu'en France où une tradition littéraire semble nous « coller à la peau » (la

La variété des usages

« L'observation sans exclusive des usages et sous-usages d'un instrument de communication fait, tout d'abord, apparaître leur extrême variété au sein d'une communauté déterminée. On en vient à se demander ce qu'est une "communauté linguistique". »
Denise François,
De la théorie linguistique à l'enseignement de la langue, sous la dir. de Jeanne Martinet, 1974.

France, terre des Lumières, phare de la philosophie et des arts, etc.). Cependant, une grammaire ne représente jamais que la description *a posteriori* d'un certain état de langue, d'abord vivent les pratiques puis interviennent les législateurs.

La norme

« L'enseignement de la grammaire normative tient* [...] *de droit une grande place dans les classes. De par sa fin il ressortit plus à l'éducation qu'à l'instruction. »
Robert Léon Wagner et Jacqueline Pinchon, *Grammaire du français classique et moderne*, 1991.

Traitement des fautes

Parmi les utilisations linguistiques fautives, toutes ne sont pas à mettre sur le même plan, les seules fautes graves étant celles qui entravent ou déforment la communication. Ainsi, le non-respect des distinctions : *horreur* au lieu d'*erreur*, *méprise* au lieu de *maîtrise*..., des structures* syntaxiques comme les positions respectives des termes par rapport au verbe pour l'expression des fonctions sujet et complément : dire que *le fer rouille l'humidité* n'est pas l'équivalent de *l'humidité rouille le fer*. Mais, beaucoup plus fréquentes et surtout plus instructives sont les entorses au code du « bien parler » que nous sommes tous amenés à faire parce qu'elles répondent au principe d'économie. Observons quelques exemples : à l'instar des enfants qui, en phase d'apprentissage, s'alignent sur le système* pour produire *il a mouru*, *désapproche-moi*..., l'adulte décline verbalement *urger, insupporter* à partir des adjectifs, et fait de *pécunier* le masculin de *pécuniaire*. À l'inverse, les synonymes, déjà rares en langue (*voir* pp. 38-39), tendront à se distinguer (*beau* et *joli*), ou bien une forme l'emportera sur l'autre comme *chaussure* (*soulier*) ou *voiture* (*auto*). C'est toujours ce principe d'assimilation aux cas réguliers qui prévaut, celui qui est le plus économique pour la mémoire et, souvent, sur la chaîne*, exemple : *tenir compte que..., j'ai autre chose à m'occuper*... Chaque fois que possible, on tendra à raccourcir les termes ou expressions d'emploi fréquent : *un appart, entre midi, à plus*..., ou bien on recourra aux sigles : *SDF, VTT, CDD*..., dont certains peuvent s'intégrer comme des racines pour créer des dérivés tels que *érémiste*.

En tant qu'outil de communication commun aux membres d'une communauté linguistique *qui se reconnaît comme telle*, chaque utilisateur de la langue participant de son dynamisme est juge et partie de son bon fonctionnement.

Lexique et sémantique

Les deux termes sont si étroitement liés qu'ils se font écho, mais si pour le premier existe une contrepartie matérielle (les volumes de dictionnaires), la sémantique recouvre le domaine le plus abstrait de l'étude du langage et des langues.

Si seulement les mots n'avaient qu'un sens !

« La sémantique lexicale représente à la fois l'essentiel de la sémantique et son domaine le plus confus, véritable terreur des linguistes. »
Josette Rey-Debove, *Comprendre la linguistique*, sous la dir. de Bernard Pottier, 1975.

Le lexique (ou dictionnaire)

Nous sommes si accoutumés à manipuler des dictionnaires que même les différences entre eux (dictionnaire étymologique, encyclopédique, de langue...) nous semblent banales. Pourtant, que de difficultés à surmonter pour le lexicologue, depuis la délimitation des unités à recenser jusqu'à la nature et la quantité des informations à retenir ! Les dictionnaires traitent des « mots », aussi bien de *ras* que de *raser* ou *rase-mottes*, et rendent également compte des locutions comme *à ras bords*, *à ras de*, etc. On s'aperçoit vite de l'avantage de se munir des notions de monème* comme unité significative ultime, indécomposable, et de synthème* comme groupement d'unités (ou syntagme*) syntaxiquement et sémantiquement indécomposable. Cette notion permet d'unifier les éléments complexes produits de la dérivation ou de la composition. Par exemple, *rase-mottes* et aussi *raser* (radical + marque de l'infinitif) sont des synthèmes, aucun élément ne pouvant s'interposer entre leurs membres composants.

Le lexique fournit des informations grammaticales (appartenance des mots à des catégories, genre des noms...) et des indications quant à leurs emplois. On a même pu poser que les mots n'ont pas de sens mais seulement des emplois, ce que dément la réalisation de dictionnaires, mais il est certain que le sens des mots n'est révélé que par leurs modes d'emplois. Pour expliciter les sens des vocables, les dictionnaires proposent des contextes, des exemples, dont nombre de citations d'écrivains connus, ce qui leur a souvent attiré le reproche d'élitisme.

La sémantique

Convenons de différencier le sens d'un monème (son contenu) de sa signification en tant que résultat du processus de sa contextualisation (produit de sa mise en contexte). Par exemple : le sens général de *table* et la signification particulière que prend la même forme dans (*la*) *table de multiplication.*

Rares sont les unités significatives qui n'ont qu'un sens, comme *titane* ou *courlis.* Pour la plupart, les monèmes acquièrent, dans différents énoncés, des significations plus ou moins éloignées de leur sens de base. Ce phénomène de polysémie s'alimente d'analogies, d'extensions, et surtout de l'utilisation métaphorique des unités significatives.

À l'inverse, les cas de synonymie (un seul sens pour plusieurs formes), par exemple *soupe* et *potage*, sont rares parce que le phénomène contrevient au principe d'économie. Si plusieurs formes coexistent, des différenciations vont se manifester, au moins dans leurs distributions respectives (exemple : *la soupe à la grimace* se dit mais pas *le potage à la grimace*). Quant à l'homophonie ou homonymie (une seule forme pour plusieurs monèmes), par exemple (*le*) *sol* et (*la clé de*) *sol*, elle est à considérer comme un des aléas de l'évolution des signes.

Comment décrire, en linguiste, cette immatérialité que sont le sens et la signification ? Au XIXe siècle, on s'est préoccupé de l'histoire des mots puis les approches se sont diversifiées : les structuralistes américains se sont focalisés sur la distribution des éléments (*voir* pp. 32-33), les générativistes ont privilégié la syntaxe, tandis qu'en Europe, les postsaussuriens ont analysé les valeurs respectives des unités dans des ensembles de valeurs, structuré des vocabulaires partiels, déterminé des champs notionnels et lexicaux (*voir* pp. 44-45).

Les dictionnaires comme discours sur les mots

« Quand on décrit les mots français, ce ne sont pas les mots français qu'on décrit, mais un choix à l'intérieur des possibilités du mot français. Et ce choix est de nature sociologique et idéologique... »
Alain Rey, www.evene.fr, mai 2007.

Aujourd'hui, sont proposées des sémantiques (prototypique, cognitiviste...), fruits de recherches notamment stimulées par les avancées de l'électronique.

De l'apprentissage des langues

La linguistique est concernée par la question des apprentissages, au niveau théorique parce qu'elle permet d'éclairer certains aspects de l'acquisition d'une langue, et au plan pédagogique pour mieux en aborder l'enseignement.

L'acquisition de la langue première

Après la période du babil, avant la fin de sa première année, l'enfant va émettre des séquences sonores dont certaines pourront être hâtivement identifiées par chacun des parents comme des signes personnels d'appel : [papa] ou [mama]. À l'analyse, il s'avère que, parmi bien d'autres combinaisons orales, le bébé a prononcé une consonne occlusive* bilabiale* suivie d'un son vocalique, entre [œ] et [a], réalisé* en laissant l'air s'échapper librement par la bouche. S'agit-il vraiment d'une séquence intentionnelle ou du résultat de la succession fermeture-ouverture de la bouche avec un support vocalique réalisé la bouche ouverte et la masse de la langue à plat dans la bouche ? Les consonnes [p] et [b] étant prononcées selon le même mode et au même point d'articulation* (occlusives bilabiales), la production enfantine reste indéterminable (ni père ni mère ne sont nommés) car, pour qu'il y ait véritable utilisation communicative de la langue, il y faut la distinctivité. C'est à partir du moment où sera acquis le principe oppositionnel, le fait de distinguer, par exemple, [papa] de [pipi] de [popo] pour renvoyer à des réalités différentes, que sera mis en œuvre le mécanisme linguistique de base. L'enfant apprend à parler par repérage puis reproduction des distinctions opérées par sa langue ; c'est par le biais des oppositions caractéristiques de sa langue que chaque enfant du monde s'approprie la sienne. La matérialité phonétique veut que la

De la pédagogie de la langue maternelle

« On ne peut justifier un enseignement du français comme langue que par une réflexion sur la notion même de langue et par l'analyse de la situation linguistique où tout individu est, malgré lui, engagé. »
Jean Peytard et Émile Genouvrier, *Linguistique et enseignement du français*, 1970.

distinction phonologique entre /p/ et /b/ soit plus délicate à exécuter que celle qui oppose /a/ à /i/ et à /o/. Cette distinction repose sur la présence ou l'absence de vibrations des cordes vocales lors de la réalisation de la consonne (en français, /p/ est une consonne sourde et /b/ une sonore) et elle sera acquise après celle qui oppose les voyelles entre elles. De proche en proche, les oppositions phonologiques d'une langue seront intériorisées jusqu'à la maîtrise de la totalité du système*.

Le traducteur est un passeur

« À l'intérieur d'une langue, ou d'une langue à l'autre, la communication est une traduction. Étudier la traduction, c'est étudier le langage. »
George Steiner, *Après Babel*, 1998.

Apprentissage des langues secondes

Aujourd'hui, et sauf cas particuliers, on n'aborde plus guère une langue étrangère par les écrits mais par son maniement oral ; il s'agit de rendre les apprenants capables de comprendre et de s'exprimer dans une situation d'inintelligibilité linguistique. Pour entrer dans le circuit d'une langue, il faut en déchiffrer des signes, de ces fragments phoniques auxquels un sens est attaché, faute de quoi, l'oreille perçoit un continuum sonore semblable à une musique plus ou moins agréable à entendre. De fait, celui qui apprend une langue étrangère se retrouve, dans un premier temps, aussi démuni que l'enfant mais, tandis que l'acquisition de sa langue par l'enfant prend pied sur un terrain vierge, celui qui aborde une seconde langue possède déjà les structures* de sa langue d'origine. L'enseignant avec un minimum de formation en linguistique tiendra compte de ce bagage et saura l'utiliser dans son enseignement.
Au niveau phonétique, comme il est capital que l'apprenant prononce correctement les oppositions de base de la langue cible, il conviendra d'établir des batteries d'exercices adaptés. De même au niveau syntaxique, les efforts porteront sur les zones propices aux interférences entre les deux systèmes grammaticaux, par exemple la préposition *à* qui, prise au système espagnol, interfère dans une phrase française : *Je l'ai vu <u>à</u> lui.*

L'indicible est poétique, il n'est pas linguistique. Les hommes se disent tout ce qu'ils ont à se dire et en n'importe quelle langue, car tout se traduit.

De la langue au discours

Comment passer de la langue-code au message construit, d'une vision abstraite de la langue avec ses règles de fonctionnement à l'analyse des résultats de son utilisation ?

Définition de l'énonciation

Acte de parole effectif ancré dans une situation réelle.

L'énonciation

Après Saussure, nous disposons, en théorie, des éléments nécessaires pour mettre la langue en mouvement (*voir* pp. 18-19 et 20-21). Émile Benveniste (1902-1976) a, le premier en France, réintroduit le locuteur dans ses énoncés. Il recense les éléments formels qui ne s'emplissent de sens que lors de leur profération. Ainsi le temps présent de la conjugaison verbale française. Dans le strict système* saussurien, la valeur du présent est égale au non-passé et au non-futur mais, en prenant en compte l'événement énonciatif, le présent devient le temps de référence de l'acte d'énonciation lui-même ; est présent le moment où le locuteur emploie le présent. Bien entendu, les choses sont plus complexes avec ce temps parce qu'il a un champ d'emploi étendu ; dans le discours, il peut déborder sur le passé, un fait passé pouvant être conté au présent, exemple : *Hier, tu sais qui je rencontre ?* et aussi sur le futur : *Quand je gagne au loto, je m'envole pour les îles...*

Dire *je*, c'est prendre possession de la langue

« Les indicateurs **je** *et* **tu** *ne peuvent exister comme signes virtuels, ils n'existent qu'en tant qu'ils sont actualisés dans l'instance de discours, où ils marquent par chacune de leurs propres instances le procès d'appropriation par le locuteur. »*
Émile Benveniste, ***Problèmes de linguistique générale,*** **1976.**

Les déictiques

On dénomme ainsi les termes qui, à l'instar du présent verbal, sont vides de sens dénotatif et restent disponibles pour prendre sens dès lors qu'ils entrent en discours. Sont dans ce cas, et au premier chef, les pronoms de personnes *je* et *tu*. Toujours dans l'optique saussurienne, *je* et *tu* ne font que s'exclure mais, dans une analyse d'énoncé effectif, *je* est celui qui dit *je*, qui s'adresse forcément à un *tu* quel qu'il soit, lequel n'endosse aucun statut durable puisqu'il devient *je* dès qu'il répond. Nul n'est propriétaire du *je*, nul n'est condamné au *tu*, nul ne peut confisquer la langue pour son compte, même le roi le savait qui s'énonçait *Nous* ! En revanche, *il* (ou *elle*) existe dans l'espace créé entre *je* et *tu*. La forme de « troisième personne » a un référent*, la personne ou la chose dont *je* et *tu* s'entretiennent, l'objet de leur conversation qui, absent du discours, doit y être introduit. Ce « pronom troisième » est représenté par la seule forme pronominale qui, au singulier comme au pluriel, alterne les marques du genre ; lorsque le référent est une personne (ou est traité comme telle) – et dans ce cas seulement –, cette marque a pour fonction d'indiquer son sexe. Il est d'autres déictiques tels que *ici, là, maintenant, ceci, cela...*, de ces formes qui, jouant comme des gestes, ont en commun de *référer* à ce qui se dit, se présente, se passe à l'instant et dans la situation où on le dit, le montre, le désigne.

De tout ce qui n'est pas dit

« La phrase dit seulement ce qu'il faut faire pour découvrir le sens. »
Oswald Ducrot,
***Les Mots du discours*, 1980.**

L'implicite

Les phrases sont loin d'apporter, explicitement, toute l'information nécessaire à la compréhension des messages qu'elles transmettent. Souvent, les circonstances de leur énonciation sont partie intégrante de leur interprétation, de même que les connaissances partagées entre les interlocuteurs. D'autres informations se déduisent des énoncés eux-mêmes comme cela se produit à la lecture d'un télégramme libellé comme suit : *Grand-père ne souffre plus*, qui implique qu'*il* a souffert auparavant. Un dernier exemple porte sur ce qui se dit, effectivement, à travers les énoncés. Ainsi, en choisissant la tournure : *Il m'entretient le jardin*, plutôt que : *Il entretient mon jardin*, le locuteur (celui qui parle) n'exprime pas seulement la possession du jardin en question mais aussi le fait que l'action exécutée l'est à son bénéfice, ce qui éclaire la nature des rapports qui lient celui qui parle à ce *il* dont il parle.

L'énonciation est un acte unique, un événement qui ne se reproduit jamais. Si je dis trois fois de suite *Viens !*, chaque occurrence* de l'injonction sera différente des autres.

L'analyse de discours

Dans quelle mesure la linguistique prend-elle en charge l'étude des discours et selon quels points de vue ?

Du sémantique

La linguistique structurale s'est élaborée, en Europe, à partir de la distinction opérée par Saussure entre langue et parole (*voir* pp. 14-15). Aux États-Unis, la recherche a porté sur l'élaboration d'une méthode de description des faits de langue basée sur la distribution des unités linguistiques sur la chaîne* (*voir* pp. 32-33). Dans les deux cas, l'aspect sémantique – la question du contenu véhiculé par les énoncés et celle de leur interprétation – a été, sinon relégué au second rang, du moins, remis à une phase ultérieure de l'étude. Émile Benveniste, le premier en France, a ouvert une brèche dans le système* aseptisé de la langue, vide de ses utilisateurs, en y (ré)introduisant, de plein droit, un locuteur *je* qui, en tant qu'instance de discours, échange avec un *tu* dans et par l'événement singulier qu'est une allocution.

Un des points de méthode, généralement acquis aujourd'hui, porte sur la différenciation entre sens et signification ; l'un des termes sera assimilé au signifié corrélatif d'un signifiant tandis que l'autre désignera le résultat d'un procès de signifiance, mais l'attribution respective des termes peut être inversée selon les auteurs. L'essentiel de la question reste l'éventuelle systématisation des rapports entre les signes linguistiques arbitraires et le monde des réalités qui constitue leur univers de référence. Une illustration en est la façon dont le français incorpore au discours la donnée sexuelle des personnes au moyen d'une forme prise par le pronom de référence, comme dans

L'instantanéité du *je*

« Quelle est donc la "réalité" à laquelle se réfère je *ou* tu *? Uniquement une "réalité de discours", qui est chose très singulière. [...] Je [...] ne vaut que dans l'instance où il est produit. »*
Émile Benveniste, ***Problèmes de linguistique générale*, 1976.**

principes généraux | linguistique structurale | face sonore de la langue

l'énoncé suivant : *J'ai vu Dominique, elle m'a dit que…* Dans ce cas, alors qu'aucune règle de grammaire ne contraint ni ne guide le locuteur, c'est à lui et à lui seul (ou à elle) qu'incombe de choisir, parmi les formes que la langue lui offre, celle qui lui permettra de transmettre la donnée d'expérience qu'il souhaite livrer. On est là au cœur de l'opération de sémantisation de l'énoncé, au lieu même de l'appropriation de la langue par son utilisateur.

La culture comme signe

« Il y a une unité du champ symbolique, et la culture, sous tous ses aspects, est une langue. »
Roland Barthes, *Le Bruissement de la langue*, 1993.

Du sémiotique

Pour Saussure qui l'introduit en Europe, la sémiologie – en tant que « *science qui étudie la vie des signes au sein de la vie sociale* » – inclut la linguistique. Certains de ses continuateurs, dont Roland Barthes (1915-1980), arguant de ce que toute analyse d'un code passe par la langue, renversent sa formulation et posent que c'est la sémiologie qui est une partie de la linguistique. À partir de la théorie saussurienne du signe, deux conceptions s'affrontent : d'un côté, les fonctionnalistes qui introduisent dans la définition de la langue, le principe d'une double articulation* entraînant l'asymétrie des unités de chacun des niveaux et, de l'autre, les tenants d'une démarche déductive qui fondent leur théorie sur l'identité de structure* des plans de l'expression et du contenu de tout langage. En d'autres termes, tandis que dans le cadre fonctionnel, les unités de seconde articulation (les phonèmes*) ne relèvent que du plan de l'expression, celles du premier niveau d'articulation (les monèmes*) participent aux plans de l'expression et du contenu. Pour les fonctionnalistes, la langue ayant pour finalité de communiquer, la forme est subordonnée au sens et la double articulation répond au besoin d'économie alors que, pour les sémiologues, l'association des plans de l'expression et du contenu structurés à l'identique caractérise un langage dont il résulte un appareil théorique rigoureux permettant d'analyser tout ensemble signifiant.

De l'approche du sens, quelque peu délaissée par souci de scientificité, sont issues les recherches parmi les plus novatrices de la discipline.

Un nouvel objet : la conversation

Avec sa maturité et sous l'influence des travaux anglo-saxons, la linguistique, dans les années 1965-1970, sort du cadre strict qu'elle s'est imposé lors de sa fondation et réintègre le locuteur et son environnement social.

Parler n'est pas un acte simple

« Utiliser le langage et parler, c'est, à tout instant, s'engager, assumer des obligations, trouver les arguments qui doivent convaincre. »
J. R. Searle, ***Les Actes de langage*****, 1988.**

Les actes de parole

Il est des catégories d'énoncés qui ont particulièrement intéressé les philosophes parce que, dans certaines conditions de leur énonciation (*voir* pp. 42-43), leur signification prend place dans une théorie de l'action. C'est le cas de phrases telles que : *je promets, je jure, je te baptise...* qui fondent le serment, confèrent le baptême de par le fait même de leur profération. Ces énoncés qui valent et font acte quand ils sont prononcés à la première personne et au présent de l'indicatif, sont appelés « performatifs » et s'opposent à des constatifs ou déclaratifs ou narratifs... Peu importe le nom qu'on leur donne puisqu'il suffit de dire *je promettais, il jure, tu baptises* pour que ces dires perdent leur capacité d'action et redeviennent des énoncés qui constatent ou racontent des événements. Souvent, et dans de multiples cultures, les énoncés de type performatif s'accompagnent de gestes rituels, comparables par leur fonction à celui qui accompagne l'ordre : *Levez la main et dites : je le jure !*

L'échange

En tant qu'événement, la conversation ne concerne pas que le linguiste puisque des usages sociaux entrent en jeu ; s'agissant de cerner le phénomène complexe du « *qui parle à qui, de quoi, où, quand, comment et pour quoi ?* », il apparaît nettement que le thème est de nature pluridisciplinaire.
Pour entreprendre l'étude du matériau linguistique,

il s'imposait d'abord de l'isoler, le délimiter et le transcrire. La mise au point de grilles de transcription de conversations authentiques a constitué la première étape sur la voie de leur analyse. La conversation minimale consiste en un échange verbal entre deux personnes ayant conclu un accord de coopération, autrement dit : un dialogue. La plus petite unité conversationnelle se compose d'un échange dont l'ensemble question-réponse représente un modèle simple. Les analyses de conversations effectives ont révélé, outre l'inégalité foncière entre l'émetteur et le récepteur – là où le structuralisme postulait la symétrie –, l'existence d'une organisation spécifique au dialogue, articulée autour des prises de parole. Lorsqu'un dialogue se déroule d'une façon satisfaisante, les tours de parole alternent entre les participants sans trop de chevauchements et selon un protocole, somme toute, classique. Les tours de parole ont leur rythme propre scandé par des pauses et des interruptions, entrecoupé par les reprises de l'interlocuteur. Ce qui, surtout, caractérise le dialogue, c'est la présence de phases ritualisées, essentiellement celles de son ouverture et de sa clôture. Car on n'amorce ni ne termine un dialogue de n'importe quelle manière, sinon moyennant des signaux conventionnels. Les participants y tiennent des rôles différents selon leurs rapports mutuels : se connaissent-ils ou doivent-ils se présenter, par exemple ? Ce point reste anecdotique, d'ailleurs, tant la situation globale, les enjeux et les stratégies particulières revêtent d'importance. Les places de dominant et dominé dont les effets se manifestent, directement ou implicitement, à travers les dires respectifs, seront plus ou moins transitoires selon un entrecroisement serré des indices linguistiques et des données psychosociales.

La conversation comme un art

« La conversation est l'un de ces objets qui portent un défi discret à la science parce qu'ils sont asystématiques et tirent leur valeur, si l'on peut dire, de leur mollesse formelle. »

Roland Barthes et Frédéric Berthet, *Communications*, n° 30, 1979.

Puisque les principes qui régissent les interactions sociales ressortissent plus à des contrats et des rapports de force qu'à des relations d'égalité, cela s'inscrit dans les échanges langagiers.

De multiples objets pour la discipline

La langue devint objet de science après sa séparation d'avec la faculté de langage et de ses usages en paroles. Depuis, cet objet s'est vu débordé par deux parties du « triptyque », la faculté de langage intéressant surtout la psychologie, et les paroles effectives relevant autant de la sociologie que de la linguistique.

À la recherche de l'Un

« L'unité du parler humain fait aujourd'hui problème. »
Paul Ricœur, *De l'interprétation*, 1995.

« Une théorie qui n'unifierait rien ne serait jamais qu'un fragment détaché de connaissance. »
Gilles Gaston Granger, *Langages et épistémologie*, 2000.

La linguistique des langues

La perspective d'une telle linguistique est descriptive et objective. Partant du fait que, pour qu'une intercompréhension s'établisse entre les membres d'un groupe, il faut que sous une masse de variables (nos différentes manières de parler) gisent des invariants de forme et de contenu (c'est-à-dire du « même »), il incombe au descripteur de les identifier et de les définir. Pour ce faire, on utilise la méthode dite de « commutation* », qui consiste à tester des variations phoniques pour dégager celles qui modifient le sens des messages. Ainsi, à supposer que le français soit la langue inconnue à décrire, l'enquête portera auprès d'un informateur natif pour savoir si, prononçant [tã] de *temps* ou [dã] de *dent* ou [rã] de *rang*, une même chose est dite ou pas. De proche en proche, sera recueilli l'inventaire complet des plus petites unités de base qu'il s'agira d'organiser selon les lois d'économie interne du système* de la langue, c'est-à-dire d'en présenter la structure* sous-jacente la plus équilibrée.

La linguistique du langage

Elle est représentée par Noam Chomsky et les tenants des grammaires génératives. La linguistique fait, alors, partie de la psychologie du langage, celui-ci étant considéré comme un organe mental dont le développement est génétiquement déterminé. À travers l'étude du langage, sont visés les processus cognitifs inconscients (vision, mémoire…) dont les mécanismes sont inscrits dans le cerveau humain. En matière de langage, sont recherchés les principes universels qui permettent, notamment, au locuteur de produire des phrases bien formées, à l'exclusion des autres. Cet ensemble de règles qu'un locuteur-auditeur idéal a acquis inconsciemment au cours de son apprentissage constitue sa compétence. La mise en œuvre effective de son savoir relève de la performance et n'intéresse guère le théoricien. Les générativistes construisent des modèles pour représenter les différents systèmes théoriques au sein desquels les règles opératoires sont de type logico-mathématique.

Par rapport aux époques précédentes

« Connaître le langage n'est plus s'approcher au plus près de la connaissance elle-même, c'est appliquer seulement les méthodes du savoir en général à un domaine singulier de l'objectivité. »
Michel Foucault, ***Les Mots et les Choses*, 1990.**

La linguistique des discours

« Discours » recouvre ici non seulement les expressions effectives de la langue mais aussi les situations de communication dans lesquelles elles sont prononcées. Si, sortant d'un cinéma, l'on entend quelqu'un s'exclamer : *quel navet !*, l'expression linguistique prend une signification inséparable des conditions de son émission ; on est au cœur des questions d'interprétation des énoncés. Or, les informations véhiculées par les expressions linguistiques ne sont que rarement suffisantes pour leur compréhension. La simple phrase : *Le soleil se lève à l'est* ne se laisse pas si facilement décoder sans des connaissances culturelles communes, en l'occurrence, la référence à un seul soleil et à une indication géographique relative. L'exercice du langage est une action qui, à l'instar de toute autre, a prise sur autrui. Si, en outre, on inclut les intentions du locuteur et les réactions de l'interlocuteur, on circonscrit un domaine de recherches, la pragmatique, dont le but est de cerner les différentes modalités des échanges humains.

Le phénomène linguistique, objet complexe et encore mystérieux, s'enrichit de différents points de vue. La science souhaiterait unifier la discipline en une théorie éclairante de l'*homo loquens.*

Linguistique et communication

On doit aux ingénieurs des télécommunications l'élaboration, dans les années 1950, d'une théorie scientifique de l'information (ou communication). Leur recherche a porté sur la transmission optimale des messages quelle que soit leur teneur.

Des efforts pour parler

« Lorsqu'on parle pour se faire comprendre, on ne se dépense que dans la mesure où ce qu'on dit semble porter. […] *Les nécessités pratiques de la communication exigent* […] *de la forme linguistique qu'elle soit constamment* […] *redondante. »*

André Martinet, ELG, 2003.

La théorie de l'information

Plus un code comporte d'unités (phonème*, monème* ou syntagme*), plus chacune est riche de potentiel informatif. Le degré de probabilité d'occurrence* de chacune des unités entre aussi en compte ; notamment dans les séquences linguistiques, où toutes les unités ne sont pas équiprobables.

Pour définir l'information, on conviendra de ce que celle qui est apportée par un message absolument prévisible est nulle, qu'elle est égale à l'unité pour un message choisi entre deux messages de même degré de probabilité (exemple : *droite/gauche*), égale au double de l'unité pour un message choisi entre quatre possibilités (exemple : *nord/sud/est/ouest*).

L'information se mesure en unités appelées « bits » (*binary digits*), un bit valant la quantité d'information apportée par une unité choisie dans un système* qui en comporte deux d'égale probabilité.

Probabilité et fréquence

Plus une réponse est prévisible, moindre sera son apport d'information, cela tombe sous le sens. Au niveau phonématique, après une voyelle, on attend une consonne et inversement. Dans la pratique, pour évaluer la fréquence d'un élément dans la langue, on se borne à déterminer sa fréquence relative d'occurrence dans le lexique et dans un échantillon de corpus*. Ce qui est calculable dans le lexique, c'est la fréquence des phonèmes, des combinaisons de phonèmes et des oppositions ; les phonèmes les plus fréquents du français sont /a, e, l, r/. Pour les oppositions, la notion intéressante est celle de rendement fonctionnel* qui varie selon la fréquence d'utilisation de l'opposition dans la langue ; par exemple, l'opposition vocalique entre *in* de *empreint* et *un* de *emprunt* ne sert pas à différencier beaucoup de paires dans notre langue, son rendement fonctionnel est si faible qu'elle est menacée de disparition. La notion de rendement fonctionnel est utile pour l'étude de l'évolution des langues.

Information et fréquence

Il existe un rapport constant et inverse entre l'information apportée par une unité et sa fréquence, entre la fréquence d'une unité et son coût.

Fréquence, coût et redondance

Aux rapports entre l'information et les variables que sont le nombre des unités du code et la fréquence relative de ces unités, il faut ajouter la notion de leur coût. On considérera que le coût d'une unité est proportionnel à la dépense d'énergie nécessitée par sa réalisation* ; à défaut d'une évaluation exacte, on se contentera d'estimer qu'une longue suite de phonèmes coûtera davantage au locuteur qu'une courte. Il est donc dans le sens de la dynamique d'une langue que les unités les plus fréquentes tendent à être brèves.

Ce qui est demandé à tout élément de la langue, c'est de servir au mieux la communication, au phonème de rester distinct quel que soit le contexte de sa réalisation, et au monème d'apporter sa charge d'information dans les énoncés. En poussant le principe d'économie à l'extrême, pourquoi ne parlerions-nous pas en style télégraphique ? Il faudrait alors imaginer des conditions optimales d'échange afin que l'information atteigne toujours son but. Or, les risques de perturbations de la communication sont si nombreux qu'une certaine redondance est indispensable pour assurer le meilleur fonctionnement de l'outil langagier. Sachons que quand nous entendons (ou disons) : *au jour d'aujourd'hui* ; *monter en haut* ; *mon père, il pense que…*, etc., nous ne faisons que nous ranger à des impératifs linguistiques.

En matière de langue, comme en économie en général, une bonne gestion consiste moins à éviter les dépenses qu'à les engager à bon escient.

Des applications de la linguistique

La vocation première de la linguistique synchronique a été de décrire des langues, en particulier les langues non fixées par l'écriture, en collaboration fréquente avec les ethnologues.

Linguistique et enseignement

Par-delà les apprentissages obligés de la lecture et de l'écriture, on peut se demander si l'on apprend réellement sa langue à l'école. Mais apprend-on si souvent la grammaire dans la rue ? Il est permis de penser qu'un enseignement maîtrisé de la grammaire en tant que dévoilement de la structure* d'une langue est susceptible de fournir des repères aux apprenants. Des abus ont pu fleurir les dernières années en la matière dans les programmes, mais savoir, par exemple, qu'une phrase se construit autour d'un noyau – le prédicat* – actualisé (c'est-à-dire introduit en discours) par un sujet paraît à ce point fondamental que le principe devrait en devenir familier à tous les usagers d'une langue. Plus le maître possédera une vue globale de la structure et de la dynamique de la langue, plus il sera à même d'inculquer les bases de la morpho-syntaxe indispensables à une utilisation optimale de l'instrument de communication. Ce qui vaut pour la première langue vaut, *a fortiori*, pour l'acquisition d'une langue seconde avec, en sus, l'aspect phonético-phonologique sur lequel l'enseignant devra intervenir pour corriger les distinctions difficilement réalisées*.

L'apprentissage et les troubles du langage

« En envisageant les systèmes phonologiques en devenir et en dissolution, nous avons cru pouvoir admettre que "les dégâts reproduisent à l'envers l'ordre des acquisitions enfantines". »*
Roman Jakobson, *Langage enfantin et aphasie*, 1969.

Les techniques de la communication et de la traduction

Dans les facultés des lettres et sciences humaines, il est peu de disciplines aussi impliquées que la linguistique dans les pratiques technologiques contemporaines. L'activité autour de l'intelligence artificielle couvre, à elle seule, un si large champ d'explorations et d'applications que son exemple suffit à illustrer le dynamisme de la collaboration entre linguistes, informaticiens et chercheurs en science cognitive. Aux applications les plus directes représentées par la production de logiciels simulant les comportements et les raisonnements logiques de l'homme s'ajoutent, entre autres, le traitement et la traduction de textes spécialisés, la reconnaissance de la parole et de l'écriture, la mise au point de robots capables de se déplacer dans un espace inconnu. Quant aux neurosciences, avec, d'un côté, des expériences appuyées par les techniques d'imagerie cérébrale, et, de l'autre, l'élaboration de réseaux neuronaux qui partagent avec le cerveau humain des propriétés importantes, leurs résultats sont d'autant plus prometteurs que s'y rejoignent le sémanticien, le technicien, le logicien, le biologiste et même le philosophe.

La traduction

« On peut, si l'on y tient, dire que, comme la médecine, la traduction reste un art – mais un art fondé sur une science. »
Georges Mounin, ***Les Problèmes théoriques de la traduction*****, 1976.**

La branche paramédicale de la linguistique

Avant les années 1960, le grand linguiste russo-américain Roman Jakobson avait consacré plusieurs études à la mise en parallèle du processus d'acquisition du langage par l'enfant et celui de sa détérioration dans les cas d'aphasie. Son hypothèse était par trop théorique mais son ouvrage a fait date. Aujourd'hui, on connaît la diversité des syndromes aphasiques, on sait les identifier, mieux en prévoir le déroulement et ses conséquences. L'aphasie est, hélas, avec la maladie d'Alzheimer, toujours d'actualité, entraînant des besoins d'assistance que seuls des spécialistes sont en mesure d'assurer. De ces troubles du langage se distinguent ceux de la parole et ceux de la lecture ou de l'écriture. Une solide formation de base en linguistique générale est légitimement exigée des orthophonistes et de tout personnel consacré au redressement de telles difficultés, lors de leur recrutement.

La multiplicité des intérêts de la linguistique et le développement des technologies récentes n'ont cessé de diversifier et d'alimenter les filières de la discipline.

Diversité des langues du monde

Les langues du monde ont en commun d'être de nature vocale, doublement articulées en unités constituant des classes. Pour les décrire, le spécialiste a besoin de notions valables universellement malgré les différences entre elles.

La mort des langues

« L'impérialisme de l'anglais occupe, aujourd'hui, une place de choix parmi les facteurs de la mort des langues. »
Claude Hagège, *Halte à la mort des langues*, 2002.

Au niveau phonique

Si la bouche est représentée comme un continuum de points d'articulation*, chaque langue n'utilise que quelques-unes des potentialités offertes. Ainsi, le *t* n'est-il pas réalisé* de la même manière en français (*thé*) et en anglais (*tea*) ; la pointe de la langue recule derrière les dents supérieures (vers les alvéoles) pour prononcer la consonne anglaise.
Ce qui nous apparaît comme une combinaison de sons peut ne représenter qu'une unité simple dans une autre langue, exemple : le [tʃ] de l'espagnol, qu'un hispanophone dissocie difficilement.

Au niveau monématique

Les combinaisons de sons ont leurs règles propres à chaque langue. Ainsi, en turc, est-il impossible de trouver un groupe consonantique quelconque en début de syllabe. Après son emprunt au français, le mot *structure*, s'étant intégré au système* turc, est, le plus naturellement, devenu [sütürüktür].

Au niveau morpho-syntaxique

Nous pouvons avoir des fonctions identiques exprimées par des procédés morphologiques différents. Par exemple, la catégorie du nombre qui, pour les noms en français, ne se marque que par les articles et les liaisons (*film/films*) ou par alternance morphologique (*cheval/chevaux*), tandis qu'elle est audible à la finale des noms eux-mêmes en anglais (*film/films*) et qu'en arabe la

principes généraux | linguistique structurale | face sonore de la langue

différence porte sur la totalité du nom (*film/aflam*).

Les rapports entre les éléments d'une phrase peuvent être indiqués par des affixes (préfixes, suffixes…) comme dans les « langues à cas » (le latin, par exemple), par l'ordre des éléments sur la chaîne* (en français, le sujet se reconnaît en ce qu'il est placé avant le verbe et le complément après lui) ou encore, par des morphèmes* spécialisés (conjonctions et prépositions).

Le système d'accord grammatical ne fonctionne pas de manière identique en français – où l'on accorde l'article et l'adjectif avec le genre du nom – et en anglais où le nom n'a pas de genre tandis que le pronom en distingue trois (*he, she, it*).

En swahili, langue d'Afrique orientale, rattachée au groupe bantou, chaque nom appartient à une classe caractérisée par un préfixe spécifique qui sera répété devant tout mot se rapportant à ce nom. Ainsi, si [ki] se traduit approximativement par *le*, on aura, par exemple :

[kiti	kitogo	kile	kimeanguka]
le chaise	*le petit*	*le là*	*le s'était renversé*

= *Cette petite chaise-là s'était renversée.*

Ce type de langues a reçu le nom de « langues à classes ».

On peut trouver exprimées des distinctions différentes. Dans la catégorie du nombre, là où nous ne retenons que le singulier et le pluriel, d'autres langues, telles que le grec, y ajoutent le duel et d'autres encore introduisent des différences entre ce qui est comptable (les doigts) et ce qui ne l'est pas (la farine). Quant à notre système des pronoms dits de personnes, il paraît à la limite du respectueux pour un Coréen à qui sa langue offre les possibilités de préciser le type de rapport qui le lie à celui auquel il s'adresse. Les catégories grammaticales qui nous sont familières demandent à être relativisées. On a, pendant longtemps, décrit les temps du verbe arabe avec nos propres catégories alors que ses formes n'expriment ni le présent, ni le passé ou le futur mais les aspects « accompli »/« inaccompli ».

Les langues du monde diffèrent entre elles…

… et c'est très bien ainsi. Comment se présentera la planète lorsque les hommes n'en parleront plus qu'une, endosseront le même costume, se nourriront du même plat ? Ils ne seront privés que… de leurs rêves de voyage.

Contre un ethnocentrisme dommageable, une linguistique descriptive se doit de fournir au descripteur des notions et une terminologie qui vaillent pour l'ensemble des langues du monde.

Glossaire

Amalgame : accident de la forme qui se contracte autour de plusieurs signifiés sans possibilité de découpage, exemple : *au* = *à* + *le*, en anglais : *feet* = *foot* (*pied*) + pluriel.

Articulation : en phonétique, correspond à la description physique des sons de la parole, à leur prononciation et, en linguistique, à celui d'une segmentation et réutilisation des segments à deux niveaux différents.
Ainsi, une première segmentation porte sur des unités qui découpent des fragments de « réel » : en anglais, *mutton* et *sheep* sont distingués là où notre *mouton* désigne l'animal cru ou cuit... Chacun des éléments est réutilisable puisqu'il ne doit rien à des circonstances particulières et va pouvoir figurer dans des contextes extrêmement variés : *le mouton bêle, j'aime le mouton.*
Chacun des segments de cette première articulation est lui-même composé d'éléments isolables, également réutilisés dans des contextes différents (deuxième articulation). Reprenant l'exemple de *mouton*, les éléments qui en composent la suite phonique peuvent s'isoler en /m + u + t + ɔ̃/ mais, de plus, aucun d'entre eux ne dépendant de son environnement, ils restent disponibles pour se combiner avec d'autres dans des contextes très différents, exemple :
/m/ de *maison*, /u/ de *route*, etc.
Ce mécanisme est appelé « principe de la double articulation ». Les unités du premier niveau sont les monèmes* et celles du second niveau, les phonèmes*.
Attention, une même réalité physique peut renvoyer à des entités distinctes selon le niveau auquel on les considère, exemple : *o* peut désigner le monème *eau* ou bien le phonème /o/.

Bilabial : en phonétique, désigne un son consonantique réalisé* à l'aide d'un rapprochement des deux lèvres.

Chaîne : image utilisée depuis Saussure pour évoquer la chaîne parlée :
« *C'est dans la chaîne de la parole entendue que l'on peut percevoir immédiatement si un son reste ou non semblable à lui-même...* » (ELG)

Commutation : afin de dégager les phonèmes*, on procède par rapprochement de paires de mots ne se différenciant que par un segment phonique indécomposable.
Exemple :
[l̲ɛv] = *lève*, [r̲ɛv] = *rêve*, [s̲ɛv] = *sève*.
Seul le segment initial est responsable du changement de sens, ces éléments dits « commutables » sont des phonèmes.

Corpus : ensemble d'énoncés sur lesquels travaillent les linguistes. Ils peuvent se présenter sous forme écrite, transcrite ou enregistrée.

Dental : en phonétique, concerne les sons réalisés* avec la pointe de la langue contre la face interne des dents supérieures.

Différentiel : *voir* Trait.

Fricatif : en phonétique, son consonantique produit par le frottement du passage de l'air à travers un conduit rétréci lors de sa sortie de la bouche mais sans fermeture absolue, exemple : [f] et [v]. Le terme s'oppose à « occlusif* ».

In absentia : *voir* Paradigmatique (schéma p. 58).

In praesentia : *voir* Paradigmatique (schéma p. 58).

Latéral : en phonétique, l'air expiré passe par les côtés de la langue, exemple : le [l] du français.

Lexème : monème* appartenant à la classe lexicale (liste ouverte comportant un très grand nombre de mots).

Monème : plus petit segment de forme (de signifiant) muni d'un sens (d'un signifié). Plus petite unité de première articulation, exemple : *arbre, maison, toit, toit-ure* (deux monèmes). Lexèmes* et morphèmes* sont des monèmes qu'on ne distingue que lorsque cela se révèle utile à la description.

Morphème : monème* appartenant à la classe des éléments grammaticaux, comportant un petit nombre d'unités et dont l'inventaire est fermé parce qu'on ne crée guère de nouveautés en matière de prépositions, conjonctions ou pronoms relatifs…

Nasal : en phonétique, lorsque le voile du palais est abaissé, une partie de la colonne d'air utilisée pour parler s'échappe par les fosses nasales, ce qui produit des consonnes ou des voyelles nasales, par exemple : [m], [n], [ɑ̃], [ɔ̃]. Lorsque le nez est obstrué, ces sons se réalisent* et se perçoivent malaisément, exemple *mouchoir* prononcé *bouchoir*. Pour la production des sons, « nasal » s'oppose à « oral ».

Occlusif : en phonétique, son consonantique produit lorsqu'un obstacle empêche momentanément le passage de l'air sur son trajet vers la sortie de la bouche. L'obstacle peut se présenter en différents lieux du chenal expiratoire, depuis le voile du palais jusqu'aux lèvres. [p], [b], [k], [g] sont des occlusives. Les consonnes peuvent être occlusives ou fricatives*.

Occurrence : terme de statistique lexicale utilisé lors du dénombrement des apparitions, dans un corpus*, d'une même expression. Ainsi, dans un discours officiel, on peut compter le nombre d'occurrences d'un certain terme ou combinaison de termes telle que *moi je…*, par exemple.

Paradigmatique : en chacun des points d'un énoncé, une unité apparaît qui entretient avec celles qui auraient pu apparaître à sa place un rapport particulier de type paradigmatique. Soit l'énoncé : *La pluie tombe sur Nantes.*
– au niveau de la première articulation*, au lieu de *la*, n'importe quel article aurait pu figurer, de même qu'à la place

Glossaire (suite)

de *pluie*, nous aurions pu trouver *nuit*, *grêle*, *brume*…, ou tout autre nom si nous ne tenons compte que des compatibilités syntaxiques (sans égard pour la cohérence sémantique, qui n'est qu'accessoire ici) ;
– au niveau de la seconde articulation et en ne considérant, cette fois, que les compatibilités phonologiques, à la place du /l/ de *la*, nous aurions pu avoir /t/ de *ta* ; /m/ de *ma* ; /s/ de *sa* (de fait, n'importe quelle consonne du français).
Les unités – de première ou de seconde articulation – susceptibles de figurer dans le même environnement constituent une classe (ou paradigme) et l'apparition de n'importe laquelle de ces unités sur la chaîne* exclut celle de toute autre au même point (impossibilité de prononcer deux éléments à la fois).
Les deux types de rapports (paradigmatiques et syntagmatiques) peuvent être représentés par deux axes : l'un, horizontal, illustre les rapports de contraste entre éléments coexistant sur la chaîne (rapports syntagmatiques) et l'autre, vertical, représente les rapports d'exclusion entre un élément présent sur la chaîne et tous ceux que cette présence interdit (rapports paradigmatiques).

Axes syntagmatique et paradigmatique

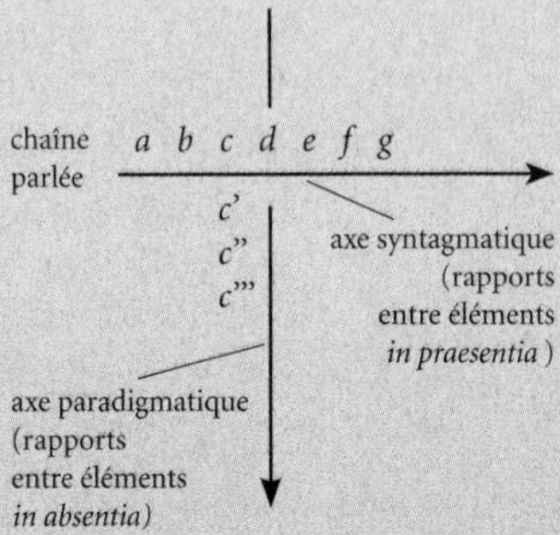

Phonème : unité distinctive minimale de deuxième articulation*, c'est-à-dire plus petite variation de forme entraînant un changement de sens, exemple : /p/ de *patte* ; /m/ de *mate* ; /r/ de *rate*.
Un phonème est distinct de tous les autres phonèmes du même système*, ce qui revient à caractériser une différence. Lors de sa réalisation*, une telle différence est rendue audible par des éléments de substance phonique que représentent les traits* distinctifs de chacun des phonèmes. Ainsi, /p/ est défini comme consonne :
– orale (opposée aux nasales* /m, n, ɲ/) ;
– occlusive* (opposée aux fricatives* /f, v, ʃ, ʒ/) ;
– bilabiale* (opposée à tout ce qui n'est pas bilabial : /t, d, k, g, l, r/) ;
– sourde (opposée à la sonore /b/ qui partage avec lui la totalité de ses autres traits). D'où il ressort que le phonème /p/ est défini par l'ensemble de ses traits

distinctifs, à savoir comme la seule combinaison de consonne orale, occlusive, bilabiale, sourde du système consonantique du français.

Prédicat : en syntaxe, l'élément central d'un énoncé complet, celui autour duquel s'organise l'ensemble des fonctions au sein d'une phrase. Dans les langues qui nous sont familières, ce rôle est, le plus fréquemment, dévolu au verbe.

Réalisation : prononciation effective des éléments linguistiques.

Référent : le référent n'est pas linguistique, c'est « la chose », le phénomène du monde réel ou imaginaire que les éléments linguistiques ont à charge de *représenter.*

Rendement fonctionnel : les oppositions phonologiques ont un rendement d'autant plus élevé qu'elles servent à distinguer davantage de paires de monèmes* de la langue.
Par exemple, l'opposition entre /ɛ̃/ et /œ̃/ ne se rencontre guère que dans la paire *brin/brun* tandis qu'une confusion entre /ɑ̃/ et /ɔ̃/ entraînerait une véritable catastrophe tant son rendement fonctionnel en langue française est élevé.

Structure : configuration générale selon laquelle les rapports unissant les éléments d'un système* s'organisent entre eux. L'essentiel est la notion de rapports entre les éléments et ces rapports se regroupent entre eux selon certains types.

Syntagmatique : qualifie un des types de rapports que les unités de la langue entretiennent entre elles. Les unités de première et de deuxième articulation* qui coexistent sur la chaîne* parlée sont dans un rapport de type syntagmatique. Ces rapports concernent des éléments observables qui se succèdent ou se combinent sur la chaîne, par exemple, au niveau des réalisations* phonématiques, seul l'ordre des syllabes distingue : /radi/ = *radis* de /dira/ = *dira.*
Au niveau des unités de première articulation, le système* d'accord ressortit à la syntagmatique, comme c'est le cas pour :
L<u>a</u> glori<u>euse</u> cité romai<u>ne</u>.
Les phénomènes d'ordre dans l'alignement des unités et celui de l'accord grammatical sont représentatifs de ce qui se passe sur l'axe syntagmatique.
« Syntagmatique » s'oppose à « paradigmatique* ».

Syntagme : du grec : *avec* + *ordre, division.* Unité plus ou moins complexe située entre la limite supérieure de la syntaxe qu'est la phrase et la limite inférieure représentée par le monème*. N'importe quel fragment d'énoncé composé de plusieurs monèmes constitue un syntagme.

Synthème : syntagme* particulier en ce qu'il se comporte, syntaxiquement, comme un seul monème*, qu'il se laisse, aisément ou non, décomposer en ses parties constituantes, exemple : *poirier, allons* = *al-* (radical verbal) + *-ons* (1re personne du pluriel, indicatif

Glossaire (suite)

présent), *blanc-bec* sont des synthèmes. Prenons, maintenant, l'exemple de *jeune fille* (toujours en français) et comparons les deux occurrences* :
– *Ceci ne concerne que de (très...) jeunes filles* = syntagme.
Très ne porte que sur l'adjectif *jeune*. *Jeune* et *fille* peuvent se voir séparés par d'autres éléments (adjectifs, adverbes, conjonctions...).
– *Ceci ne concerne que des jeunes filles (de bonne famille...)* = synthème.
Jeune fille reste indécomposable, *de bonne famille* portant sur l'ensemble et non sur un seul de ses éléments.

Système : ensemble d'éléments solidaires. Par exemple, tous les phonèmes* du français, présentés dans n'importe quel ordre, constituent un système.

Trait : en phonologie, on parle de trait pertinent ou distinctif pour nommer le plus petit élément phonique constitutif du phonème*. Par exemple, le /l/ de *lit* se définit, en tant que phonème, par le seul trait de latéralité* qui lui suffit pour se différencier de tous les autres phonèmes consonantiques du système* français. Le fait important est que, pour parler une langue, le nombre de traits ou habitudes articulatoires à maintenir distincts est moindre que le nombre de phonèmes qu'ils servent à distinguer. En effet, la réalisation* de la plupart des phonèmes résulte d'une combinaison de leurs traits. Ainsi en est-il du trait de voisement* des consonnes qui permet d'opposer deux séries entières de phonèmes comme : /p/ opposé à /b/, /f/ opposé à /v/, /t/ opposé à /d/, /s/ opposé à /z/, /k/ opposé à /g/. Il suffit donc que les locuteurs sachent réaliser les consonnes sans ou avec vibrations des cordes vocales pour opposer ces suites de phonèmes.

Variante : toute variation dans la réalisation* d'un phonème* qui reste sans effet sur le message transmis n'est qu'une variante de ce phonème, par exemple les prononciations différentes du /k/ de /ki/ = *qui* et celui de /ku/ = *cou*. De fait, nous ne réalisons (et ne percevons) jamais que des variantes de phonèmes, le phonème étant le seul invariant.

Vélaire : en phonétique, concerne les sons articulés avec le voile du palais comme lieu d'articulation* pour le dos de la langue qui va soit fermer le chenal expiratoire, exemple : [k], [g], soit le rétrécir, exemple : le [ç] de l'allemand de *ich*.

Voisement : réalisation* phonétique accompagnée de vibrations des cordes vocales.

Bibliographie

Certains ouvrages sont épuisés mais restent disponibles en bibliothèque.

Textes fondateurs

BLOOMFIELD (Leonard), *Le Langage*, coll. « Bibliothèque scientifique », Payot, 1970.
Les bases du structuralisme américain pour des descriptions « mécanistes » des langues.

SAPIR (Edward), *Le Langage : introduction à l'étude de la parole*, coll. « Petite bibliothèque Payot », Payot, 2001.
Structuraliste opposé à L. Bloomfield en ce qu'il n'a jamais dissocié l'activité de langage de la culture et du comportement humain, ce qui lui valut d'être frappé de l'anathème de « mentaliste ».

SAUSSURE (Ferdinand de), *Cours de linguistique générale*, coll. « Grande bibliothèque Payot », Payot, 1995.
À l'origine de la linguistique contemporaine en Europe.

Les classiques

BENVENISTE (Émile), *Problèmes de linguistique générale*, coll. « Tel », Gallimard, tome 1, 1976, tome 2, 1980.
Recueil d'articles toujours actuels d'un grand linguiste comparatiste qui a, notamment, reconnu l'importance du phénomène d'énonciation.

MARTINET (André), *Éléments de linguistique générale*, coll. « Cursus », Armand Colin, 2003.
Les bases du fonctionnalisme à l'usage de tous les étudiants.

MOUNIN (Georges), *Les Problèmes théoriques de la traduction*, coll. « Tel », Gallimard, 1976.
Un ouvrage à mettre entre toutes les mains parce qu'il va beaucoup plus loin que ne l'indique son titre.

COLLECTIF (sous la dir. de Georges Mounin), *Dictionnaire de la linguistique*, coll. « Quadrige », PUF, 2004.
Un utilitaire d'inspiration fonctionnaliste.

COLLECTIF (sous la dir. d'André Martinet), *Le Langage*, coll. « Encyclopédie de La Pléiade », Gallimard, 1982.
Ouvrage réunissant les meilleurs spécialistes du moment sur les divers aspects de la linguistique générale.

Des introductions générales

KRISTEVA (Julia), *Le langage, cet inconnu : une initiation à la linguistique*, coll. « Points Essais », Seuil, 1981.
Beau volume introductif qui inscrit les principes théoriques de la linguistique contemporaine dans l'histoire générale des idées sur le langage.

MILNER (Jean-Claude), *Introduction à une science du langage*, coll. « Points Essais », Seuil, 1995.
Questionnement d'un linguiste-philosophe sur les fondements de la discipline.
N'est pas un ouvrage de vulgarisation.

Une sélection, toutes orientations confondues

BACHMANN (Christian), LINDENFELD (Jacqueline), SIMONIN (Jacky), *Langage et communications sociales*, coll. « Langues et apprentissage des langues », Didier, 2003.
Excellent outil pour une approche des différentes recherches anglo-saxonnes sur les liens entre langage et société.

BATESON (G.), BIRDWHISTELL (R.), GOFFMAN (E.), HALL (E. T.), JACKSON (D.), SCHEFLEN (A.), SIGMAN (S.), WATZLAWICK (P.), *La Nouvelle Communication*, sous la dir. de Yves Winkin, coll. « Points Essais », Seuil, 2000.

Bibliographie (suite)

Une familiarisation avec les approches pluridisciplinaires de l'école de Palo Alto.

Chomsky (Noam), *Langue linguistique politique : dialogues avec Mitsou Ronat*, coll. « Champs », Flammarion, 1992.
Exposé clair – et en clair – des idées de Chomsky.

Greimas (Algirdas Julien), *Du sens : essais sémiotiques*, Seuil, 1970.
Une initiation aux postulats et méthodes de la sémiotique.

Kerbrat-Orecchioni (Catherine), *Les Actes de langage dans le discours : théorie et fonctionnement*, coll. « Cursus », Armand Colin, 2008.
Dernière livraison de l'auteur devenue la spécialiste, en France, des interactions conversationnelles.

Maingueneau (Dominique), *L'Analyse du discours : introduction aux lectures de l'archive*, coll. « HU. Linguistique », Hachette Éducation, 1991.

Rastier (François), *Sémantique et recherches cognitives*, coll. « Formes sémiotiques », PUF, 2002.
Le sens au centre de recherches scientifiques à la pointe de l'actualité, tant en linguistique qu'en psycholinguistique ou en technologie. L'ouvrage ne s'adresse pas au tout-venant mais à des esprits ouverts à des intérêts si diversifiés que l'effort d'unification présenté intéresse un vaste public.

Ruwet (Nicolas), *Introduction à la grammaire générative*, coll. « Recherches en sciences humaines », Plon, 1968.
Ce travail date puisque les modèles proposés n'ont cessé de se modifier depuis, mais il est à l'origine de la divulgation, en France, des principes générativistes et de leur application à la syntaxe. Sa lecture reste encore la meilleure voie d'accès à une théorie qui a révolutionné la discipline et dont les influences continuent de s'exercer.

Index

Le numéro de renvoi correspond à la double page.

Il est des notions qui se laissent mieux définir dans un cadre oppositionnel, d'où le choix fait ici de présenter certains termes en couples.

Les Essentiels Milan,
64 pages pour comprendre

Autres titres sur le thème « Psychologie, psychanalyse et sciences humaines » :

La psychanalyse (n° 34)
La psychologie de l'enfant (n° 86)
La sociologie (n° 102)
Sciences cognitives et psychanalyse (n° 122)
Ces maladies mentales nommées folie (n° 140)
Les thérapies comportementales et cognitives (n° 276)

La collection « Les Essentiels Milan », c'est près de 300 titres déjà parus dans les domaines suivants :

- Arts, littérature et culture
- Politique, droits et institutions
- Économie, nouvelle économie
- Histoire, pays et religions
- Philosophie
- Psychologie, psychanalyse et sciences humaines
- Sciences, médecine et bien-être
- Société et médias
- Pratique

Venez découvrir l'ensemble du catalogue « Les Essentiels Milan » sur notre site : www.editionsmilan.com

Ont collaboré à cet ouvrage :
Juliette Antoine
Auriane Vigny
Maquette - Infographies
Georges Rivière
Couverture
Pascale Darrigrand
Conception graphique
Bruno Douin
Iconographie
Anne Lauprête

Les erreurs ou omissions involontaires qui auraient pu subsister dans cet ouvrage malgré les soins et les contrôles de l'équipe de rédaction ne sauraient engager la responsabilité de l'éditeur.

**300, rue Léon-Joulin,
31101 Toulouse Cedex 9 France**

D. L. : septembre 2008
ISBN : 978-2-7459-3425-3
Imprimerie CPI - Hérissey à Évreux (E
Imprimé en France